语文教学与文学素养培养研究

王彩凤 严小军 赵丹丹 ◎著

吉林文史出版社

图书在版编目（CIP）数据

语文教学与文学素养培养研究 / 王彩凤，严小军，
赵丹丹著. -- 长春：吉林文史出版社，2022.6
ISBN 978-7-5472-8556-5

Ⅰ．①语… Ⅱ．①王… ②严… ③赵… Ⅲ．①语文教
学－教学研究 Ⅳ．①H19

中国版本图书馆 CIP 数据核字 (2022) 第 108701 号

YUWEN JIAOXUE YU WENXUE SUYANG PEIYANG YANJIU

书　　名 语文教学与文学素养培养研究
作　　者 王彩凤　严小军　赵丹丹
责任编辑 陈　昊
出版发行 吉林文史出版社有限责任公司
地　　址 长春市福祉大路 5788 号
印　　刷 三河市华晨印务有限公司
开　　本 185mm×260mm　　1/16
印　　张 10.75
字　　数 241千字
版　　次 2023年 6 月第 1 版　　2023年 6 月第 1 次印刷
定　　价 45.00 元
Ｉ Ｓ Ｂ Ｎ 978-7-5472-8556-5

目 录

第一章 语文教学的基本原则

语文教学原则是进行科学的语文教学的依据，它具有重要的理论意义和实践价值。20 世纪 80 年代以来，许多有关语文教学的专著及文章，对此都进行了一定的理论探讨和阐述，提出了许多教学原则。但通过比较、总结这些教学原则，我们发现有些表述不同，但内容实质相同，如"知识、能力、智力兼顾原则""语文双基并重与开发智力相结合的原则""传授知识、开发智力、培养能力相结合原则"等，其实都是一个意思，即在传授知识的过程中培养能力，开发智力。而这一原则又与另一教学原则"语言训练与思维训练相结合的原则"，在内容上是交叉关系。这里主要是从实践的角度来认识。

第一节 语文课堂教学结构原则

所谓课堂教学的结构，指的是课堂教学的组成部分（或"环节"）及其顺序。它体现教学的整个过程，反映教学的组织形式。传统的语文课堂教学多是"教师讲、学生听"的形式。这种形式的弊病，叶圣陶老先生曾经做过十分中肯的分析："课堂教学既然是一讲一听的关系，教师当然是主角了，学生只处在观众的地位，即使偶尔举手答个问题，也只不过是配角罢了。"因此，如何安排教学结构，就成为语文课堂教学研究的一项重要内容。所谓优化教学结构，则指的是在正确的教育思想和理论指导下，根据教学的目的和要求，最恰当地解决教学过程中要素的组合和顺序的编排，从而收到最佳的教学效果。

语文教学结构的优化应体现两个方面：一是语文课本身课型的优化，二是一节课本身结构和层次的优化。既然要优化，就要从学生的认知实际出发，根据不同的教学任务，整合教育教学资源，合理安排课程的设置和每节课的结构，从而达到"有效"教学和"高效"教学。

一、课堂教学结构优化

语文课堂教学结构一般包括以下五个环节：

（一）阅读指导

教师要善于指导学生读书，给学生介绍一些切实可行、行之有效的方法，向学生提出读书的具体要求。

（二）质疑设问

教师要善于启发和鼓励学生在认真学习和思考的基础上，积极提出各种各样的问题。质疑，是学习的真正开始。学生能设问，常常表明他已经进入了真正学习的角色。当然，教师也可以根据教学要求、内容的重点和难点，以及学生的认识水平，设置一些问题，激发学生的求知欲望和探究需求。

（三）释难解惑

问题提出后，怎样解决，谁来解决？韩愈在《师说》一文中所说教师的三项职能是"传道授业解惑"，似乎是很好的答案了。他说："人非生而知之者，孰能无惑？惑而不从师，其为惑也，终不解矣。"原来教师就是"解惑"的。其实，这种说法也不全对，因为教师可以"解惑"，学生之间也可互相"解惑"，提问者在继续学习、思考或受他人启发后，也可为自己"解惑"。一句话，可以通过师生共同讨论的方式来得到共识、获取新知。

（四）总结提高

课堂教学还不能仅停留在使学生获取新知识的阶段，而必须进一步推向使学生的新知识转化为智能的阶段。因此，教师应在学生掌握新知识之后，及时地引导学生自己总结方法、规律，提高阅读和写作的能力。学生在阅读和写作的实践过程中，不断地积累感性认识和理性认识。在这基础上，教师适时加以点拨，学生就有可能从个别到一般归纳出规律性的东西，从"语感"中悟出深刻的道理。让学生从自行发现问题、发现知识，到自行概括，做出结论。学生的读写能力正是这样形成的。

（五）巩固深化

人们的认识不可能一次完成，学生的认知和智能形成也不可能一次实现。应有一个巩固深化的阶段。教师可精心设计练习，及时反馈学生认知和智能形成的情况，并及时予以矫正，使不同层次的学生都能得到具体的切实帮助。教师要明确练习的目的是"反馈"与"矫正"，是对学生认知和智能形成的巩固与深化。因此，搞题海战术，练习以多取胜，以练代学，都是不足取的。语文课堂教学结构的五个环节，环环相扣，逐层深入，体现了学生认知的过程和智能形成的过程，体现了由浅入深、由易到难、由知识转化为能力的循序渐进的过程。

二、课型结构优化

教学过程各个阶段所完成的具体任务是不同的，而每一节课都要完成一定的教学任务。根据课程所完成的任务不同，可以分成若干不同的课型。教师应该根据单元教学和课文教学的总体要求和设计，选取恰当的课型，制订课时教学计划，合理安排师生课堂教学的具体活动内容，把教学过程中各种要素加以有机组合，把各项教学内容加以巧妙编排。常见的语文课型有以下几种：

（一）导读课

学生在教师指导下自读课文，这是教师指导与学生自读的结合，即课内自读。以学生自读为主，教师指导的作用是"提纲挈领，期其自得"，其内容包括"阅读以前对于选定教材的阅读方法的提示及阅读以后对于阅读结果的报告与讨论"。思考讨论题目，可由教师事先拟定，也可由学生自读后提出。这种课十分鲜明地体现出学生的主体作用，但教师的主导作用也是不可忽视的，因此"审核他们的报告，主持他们的讨论，仍是教师的事；其间自不免有要订正与补充的地方，所以还是指导"。

（二）讲读课

这是教师讲解与学生阅读相结合的课堂教学形式。一般用于精讲精读课文。教师讲解很重要，有时甚至"纤屑不遗，发挥净尽"。但讲什么、怎样讲，却是需要教师认真考虑和设计的。讲什么，当然要根据课文内容和教学的目的要求，也要根据学生对课文的理解程度，力求有的放矢，针对性强；怎样讲，还是以启发式为好：提出问题，促进学生思考，引发讨论，在适当处教师加以点拨，自然得出结论，这样学生理解比较深切。

（三）讨论课

学生在教师的组织引导下进行专题的课堂讨论。讨论题应有一定难度，或能引出激烈的争论，使全体学生发生浓厚兴趣，积极参与。例如："朱自清散文的特色""白洋淀派小说的风格""周朴园的思想性格""鲁四老爷是杀害祥林嫂的元凶吗"等问题就很有讨论的价值。讨论，应事先要求学生做好充分准备，拟好发言提纲。教师在讨论中要注意引导学生摆事实、讲道理，以理服人，并适时点拨，使讨论向正确的方向发展，逐步深入下去。教师要做总结发言，肯定讨论的收获，提出供学生进一步讨论的新问题。

（四）朗读课

这是以朗读为主的课堂教学形式。诗歌、寓言、写景抒情和状物咏志的散文（过去人们称为"美文"），以及戏剧作品，都可以以朗读为主要形式进行教学。语文是言语学科，朗读是它的一大特点。传统的语文学习，重视朗读的功夫，这是心、眼、口、耳并用的学习方法。师生反复朗读课文，可以深入体味作品的思想感情和表现手法、遣词造句的佳妙。这不是教师讲解和学生讨论所能代替的。教师要讲解一些朗读常识，引导学生在朗读中掌握好逻辑重音、停顿、语调和节奏，并可做示范。朗读方式可以多样化：或个人朗读，或分角色朗读，或集体朗读。

（五）速读课

面对技术革命的挑战和猛烈增长的书山，单纯沿袭已久的阅读法已难以适应新的形势。所以，不少人提出了行之有效的快速阅读法。这种阅读法是"从文字当中迅速吸取有用信息的一种方法"，它"完全不是表面性的浏览，而是一种积极的、创造性的理解过程"。读者在这个过程中要对几种事实和结论进行分析，对某些概念进行综合分析，从而为形成新的知识打下一个基础。教师要向学生介绍这种阅读法，在实践中掌握这种方法的要领，学会整体阅读和鉴别阅读，并用各种检测手段来了解学生捕捉信息的能力形成的状况。

（六）作文指导、讲评课

学生作文前教师进行指导，作文后进行讲评，这是写作教学的两个重要环节。教师指导的内容包括：观察、分析客观事物；审题、开拓思路：立意、选材；布局谋篇；不同文体的写法等。可结合课文教学进行，以教材作为学生写作的范例，也可提供可参考借鉴的文章。教师在普遍指导的基础上，还应进行个别帮助。作文讲评要求目的明确，重点突出，收到切实的效果。讲评有多种方式：教师可对学生作文情况进行有数据、有实例的概括分析，肯定优点，指出缺点，并做到重点突出；可选出一篇或几篇优秀作文进行深入分析，以典型指导一般；可选出几篇较有代表性的作文，由学生自己朗读，教师组织学生评论；可印发一两篇学生作文，教师指导全体学生评改，并展开讨论；可采用对比的方法——作文与课文对比、原稿与修改稿对比、优秀作文与较差作文对比，并进行评议；可抓住作文中的一两个主要问题，结合有关写作知识深入进行专题讲评；可组织学生写出作文后记，在课上发言谈心得体会，教师总结，揭示写作的规律；等等。教师在讲评中一定不要伤害学生的自尊心，要保护学生的积极性。

语文课型不限于上述六种，还有综合性的课型。在实际课堂教学中，即使是同一种课型，也会出现多种形式。形式是由内容决定的。不同的课文，不同的教学内容，不同的教学目的和要求，决定不同的教学形式。而且，还要考虑到教育对象，应从学生的实际出发，讲求教学的客观效果。另外，就教师而言，个人总会有自己的教学风格和特点。教师也要善于扬长避短，发挥个人的优势，使课堂教学富有鲜明的特点。

第二节 听说读写相辅相成原则

语文新课程标准明确提出：要进一步提高学生阅读能力、写作能力和口语交际能力。语文教学基本任务应该是：以能力训练为主，重视文化熏陶，全面提高学生的语文素养，培养学生正确理解和运用语言文字的能力。如何根据新课标的要求，针对学生的实际情况进行能力训练，以提高课堂教学的有效性呢？下面就从"听、说、读、写"四个方面来探讨运用这一原则。

一、有目的地培养学生"听"的能力

在传统语文教学中，"听"通常是指学生上课时听教师讲解，是一种学生被动接受知识的"听"。久而久之，学生坐享其成、不动脑筋的听课习惯形成了。有目的地培养学生"听"的能力应该从以下三个方面进行：

（一）要培养学生"听"的兴趣

要求教师上课生动、有趣，以充分调动学生爱听的积极性，如讲《爱莲说》时，我们边让学生欣赏美丽的图画，边让学生聆听朱自清《荷塘月色》中的优美语段，然后让学生谈谈对莲的总体感受，这样不仅让学生受到美的陶冶，培养了"听"的兴趣，更为学习课文做了铺垫，收到了事半功倍的效果。

（二）要培养学生良好的"听"的态度和习惯

这就要求教师在指导学生时，要了解学生，根据不同的个性选择不同的方式来加以引导。使学生学会在听的过程中，用点头、微笑、赞许、关注的眼神来注视对方；用表情及简短的语言来启发对方；不轻易打断对方的话；允许对方发表和保留不同的意见。

（三）要培养学生掌握"听"的科学方法

要求学生集中精力，面对说话的人和所表述的话题，注重唤起相关的知识、资料、概念和想象，形成有关这个话题相关的互动。围绕对方说一些什么，为什么这样说；对所听到的词句及重点都要有心理反应和认知上的反馈；在"听"的过程中能够进行快速的总结和评价，对所听到的内容，能区分主次，自觉形成整体观念，从而在心中牢记需要记忆的内容。

二、有计划地培养学生"说"的能力

在语文教材中，有些单元后面安排有"口语交际"这一部分内容，可见"说"的能力训练的重要性。语言是人类重要的交际工具，用语言来表情达意的过程就是"说"。教学上的"说"，不只是教师授课、学生在课堂上回答问题，还应该是一种学生主动用自己的语言来表达思想的技能训练。因此，这种"说"的能力的培养，要有计划、有步骤地进行。

（一）在课堂内进行"说"的训练

课堂上要想方设法为学生营造"说"的环境，充分给学生"说"的机会，将课堂这个舞台真正交到学生手中，为他们创设一个最佳的语言环境。例如，我们可以让学生在课前几分钟谈谈昨天的报纸，自己感兴趣的新闻、时讯，让学生自由讨论，畅所欲言，以培养学生说的能力，同时在语文教学中，多鼓励学生敢于就教学内容发出质疑，提出自己的见解。围绕教材，旁征博引，激发他们学习语文的兴趣，增强他们说话的本领。

（二）在课堂内进行"说"的实践

可以进行叙述、说明等"说"的实践活动，让学生复述课文、介绍自己、口头描述周围的人和事等；如果进行各种朗读和表演活动，可以结合课本中散文、诗歌、剧本、小说等不同语言特色，使课堂教学适当地小品化、朗诵化、故事化。

（三）可以在课堂外进行"说"的实践

如经常举行小型主题班会、故事会、演讲会、辩论会、诗歌朗诵会等以"说"为主的活动，培养学生社会实践、交际和口头表达能力。

三、有步骤地培养学生"读"的能力

教师在课堂上往往重视课文的朗读、精读、泛读、略读，却轻视"读"的能力的训练。

应该在重视朗读、精读的基础上，更强调泛读、速读的能力训练。朱熹在《读书有三到》中说道：“读书有三到，谓心到、眼到、口到。”可见“读”是一种口、眼、耳、脑并用的语言训练形式，是语文教学的一把重要钥匙。

（一）要激发和培养阅读的兴趣

语文教材中的篇章都是经过科学筛选的范文，具有典型性、科学性、实用性等特点。教师要充分挖掘教材中“读”的趣味点，对范文的谋篇布局、风格特点、题旨意境等进行生动的分析和点拨，使学生想读、爱读，最终达到理解文章、为我所用的目的。

（二）要注意训练学生泛读能力

主要体现在引导学生广泛阅读课外书籍，尤其是名家名著，鼓励学生多读书、读好书、好读书，提高课外阅读量，并达到一定的数量。在泛读的基础上，让学生养成良好的读书习惯，提高学生读书的速度，培养速读的能力。

（三）要培养学生掌握科学的阅读方法

这是语文教学的难点。达尔文说过：“最有价值的知识是关于方法的知识。”掌握了方法，就掌握了金钥匙。因此，教会学生科学的阅读方法，能使其终身受益。

有步骤的阅读方法包括读书、理解、领悟、应用，形成一个有机整体。首先是读书，可以提高学生学习的兴趣，养成良好的学习习惯；其次是理解，训练学生的阅读思维能力，能够快速地掌握书本内容的结构、思路、特点；再次是领悟，注重读后有所启发、有所感触、有所创新，能写出自己的体会和感想；最后是应用，将书本的知识和自己的体会运用在实际生活和学习当中，检验自己的阅读成果。

四、有意识地培养学生“写”的能力

教学实际中，“写”往往只是一种被动的训练。语文教学上的“写”，应该是一种让学生学会观察生活、思考人生和表情达意的创新方式，是一个充满活力的心理行为过程。

（一）指导学生注重平时的观察、思考

教师要指导学生平时注意观察生活、积累写作素材，通过学生实际的体验，唤起他们的思维和兴趣，从而写出自己感兴趣的东西。必要时，教师可进行适当的指导，发挥示范和激励的作用，根据学生自身特点选择不同的方法指导学生。

（二）注重对学生的写作训练

以记叙熟悉的生活为主，使学生能写自己所熟悉的内容，从而克服写作训练中的盲目性和畏难情绪。可以以一个方面的说明、一个角度的论述为基础，逐步积累写作经验。同时，教师还要及时对学生作文进行指导，上好作文讲评课。

（三）有意识地培养学生的写作能力

可以在课堂上让学生充分发挥想象力去写作。如学《两小儿辩日》时，可让学生根据故事情节发挥丰富想象力进行课本剧编写和表演，根据文章主旨进行小型辩论赛，课后让学生把课本剧和辩论赛内容写成作文，这样有趣的活动可以激发他们学习课文的兴趣，提高课堂教学的有效性，同时，更在潜移默化中提高学生的写作能力，可谓是一举多得。

综上所述，在新课改教学理念下，"听、说、读、写"这四种基本能力训练是一个有机整体，缺一不可，它们相互促进，相辅相成，是语文素质教育的重要组成部分。我们只有抓住这四种基本能力的训练，才能切实提高课堂教学的有效性，提高学生快速的思维能力和语言运用能力，达到全面提高学生语文素养的目的。

第三节 语言训练与思维训练相结合原则

语言是人们交流思想的工具，是学习和生活的工具，它具有工具性；而说出的话，写出的文章，又总要反映一定的思想，它又具有思想性。工具性和思想性是语文学科所反映出的两种基本属性。"语言—思维"型教育区别于"文字—语言"型教育的一个基本特征，就是在整个语文教学中要以语言和思维训练为核心，注重语言训练和思维训练的密切结合。

语文学科之所以能够反映工具性和思想性，是因为语文包含着语言和思维这两个更核心的因素，是这两个核心因素相互作用的结果。语文为什么能充当交流思想的工具？就是因为它一靠语言，二靠思维。无论是说给别人听，或是听别人说，无论是写文章给别人读，或是读别人写的文章，都是既要靠语言，又要靠思维。就是说，语文是靠着语言和思维这两个核心因素及其相互作用，才有听说读写的思想交流过程，才表现出它的工具性。语文为什么还能表现出思想性？也是因为它一靠语言，二靠思维。人们说出的话，写出的文章，都是一种思想的表达。而这种思想是靠语言和思维的共同作用才产生的。当一个人在生活实践中遇到了某个问题，他就会在头脑中针对这个问题以语言为工具对已有的知识经验进行思维加工，最后形成一种认识，这就是思想。可见，离开了语言和思维，也就不可能形成思想，语文也就不会具有思想性。由此可见，工具性和思想性是语文学科的两种基本属性，但它们又是通过语言和思维这两个核心因素的相互作用表现出来的；因此，语文学科更深层的本质或根本属性，是语言和思维相互作用的辩证统一。

在语文教学中，需要对学生进行的训练是多方面的，人们过去把最基本的训练归纳为听、说、读、写四个方面。听说读写既是人们以语文为工具进行思想交流的四种基本过程，也是语言能力表现的四个基本方面。听说读写能力提高了，整体语文能力也就提高了。但是，我们还应该进行更深一层的思考，听说读写这四种能力又是由什么决定的？是语言能力和思维能力。无论听说，还是读写，它所表现出的只是一种外在的能力，而决定这四种外在能力的内在的、核心的东西是学生实际的语言能力和思维能力。认识了这一点，我们在语文教学中就不能单纯地就听说读写去训练听说读写的能力，而应该重视语言和思维的训练；同时，也不能把听说读写的训练和语言思维的训练看成是同一层面的东西，而应该以语言和思维训练为核心，去带动听说读写的训练。

在语文教学中要体现语言和思维训练的核心作用，主要应该处理好以下几种基本关系：

一、处理好语言和思维训练同听说读写之间的关系

语言承载着思维的信息，是语言和思维共同起着作用。而听说读写又是语言和思维共同作用下的外在表现形式。离开听说读写，语言和思维便失去了得以外化并与他人进行思想交流的条件，它只能永远保留在自己的头脑中。正因为听说读写和语言思维存在着这种相互依存的关系，所以在实际的教学中就应该将语言和思维的训练同听说读写密切地结合在一起。要做到二者的结合，又必须注意以下两点：

（一）要注意在听说读写的过程中必须突出语言和思维的训练

在实际教学中，往往有这样两种不正确的认识：一是认为只要让学生多听多说多读多写，听说读写能力自然会提高。事实证明，如果忽视了听说读写过程中语言和思维的训练，仅一味强调学生多听多说多读多写，则必然事倍功半，不能收到好的效果。比如阅读，即使每篇课文学生都可以背出来，但生吞活剥，不求甚解，既不懂得文章的语言好在什么地方，又不懂得作者是如何思考问题的，学生仍然不会学到更多更好的东西，形不成什么能力。二是认为既然语言和思维与听说读写有着密切的关系，那么抓好听说读写也就自然而然地提高了语言和思维的能力。这种认识也是不对的。语言和思维能力的提高是要靠听说读写，但只有在听说读写过程中有意识地强化语言训练和思维训练，

语言和思维能力才能提高。比如写作，如果不在语言和思维方面提出要求，学生当然也要思考，也要用语言来表达，但毕竟是不自觉的、盲目的，他的进步也必定是缓慢的。因此，必须克服以上两种不正确的认识，在听说读写过程中有意识地突出语言和思维的训练。这就需要我们在每次的听说读写活动中都必须在语言和思维两个方面提出明确的训练目的和要求，提出具体的训练方法和措施，通过听说读写活动使学生的语言和思维都得到很好的训练。

（二）要注意语言和思维的训练必须结合听说读写活动来进行

以语言和思维训练为核心，并不意味着去孤立地搞语言和思维的训练，而必须将语言和思维的训练紧密结合到听说读写活动的过程中。在20世纪80年代一些地方曾出现过把思维训练与听说读写割裂开来，孤立地去搞所谓思维训练的倾向，这种做法是违背语文课思维训练规律的。如果把语言和思维的训练与听说读写搞成两张皮，非但语言和思维的训练会流于形式，而且听说读写也不会收到好的效果。在听说读写的过程中要突出语言和思维的训练，而语言和思维的训练又必须贯穿于听说读写的过程中，这才是正确的认识。

二、处理好语言和思维训练同知识经验的积累及非智力因素发展的关系

知识经验对语言和思维发展是十分重要的。有人误认为强调开发智力、发展思维便可以忽视知识经验的学习和积累，这是不对的。知识经验是思维的材料，思维即是对知识经验的认识加工。试想，如果学生写作文，头脑空空，既没有感性的生活经验，也没有理性的知识材料，凭借什么来思维呢？正因为知识经验对思维起着重要的作用，所以我们既不能只重视知识的传授而忽视思维的训练，也不能脱离知识经验而孤立地去搞思维训练。正确的认识是，只有重视学生知识经验的学习和积累，才能从丰富思维材料上为思维发展创造必要的条件，这才是真正体现语言和思维的核心作用。为此，在教学中一是要让学生养成平时勤于观察、留意生活的习惯，注意积累感性的经验。同时，要让学生在观察中勤于动脑，学会分析事物，并能用准确的语言把所见所闻表达出来。这样，学生的感性经验丰富了，语言和思维也得到了训练。二是要让学生养成自觉阅读的习惯。注意积累知识性的材料。目前学生阅读量不足是个大问题，这是造成学生文章思路狭窄、空洞乏味的一个重要原因。要让学生有东西可写，有内容可思考，必须重视扩大阅读量。要让学生在阅读中勤于动脑，多加思考，向作者学语言，学思维。这样，学生的知识材料丰富了，语言和思维也得到了锻炼。

非智力因素对语言和思维发展也很重要。非智力因素包括情感、兴趣、动机、意志

等。且不说语文教学负有培养学生非智力因素的责任，单从学生语言和思维的发展来说，非智力因素也是影响其发展的一个前提条件。以兴趣为例，如果教师教法不得力，激发不起学生的兴趣和积极性，学生便会因为缺乏动力而处于被动状态，语言和思维的训练自然难以收到好的效果。再如情感，记叙文和文学作品的阅读和写作都离不开情感性的语言和情感性的思维，如果学生的情感不能得到健康、充分的发展，那么他们的情感性的语言和思维的发展也必然会受到限制。所以为了学生语言和思维的发展，我们还必须重视非智力因素的培养。

三、处理好语言训练和思维训练彼此之间的关系。

要体现语言和思维训练的核心作用，除了要处理好以上诸关系外，关键还在于处理好语言训练和思维训练核心内部二者之间的关系。在总体要求上，既要防止脱离思维训练去单搞语言训练，也要防止脱离语言训练去单搞思维训练，要做到两种训练的有机结合。语言训练之所以要同思维训练相结合，是因为学生的思维对语言的发展起着重要的作用。例如学生作文中出现的用词不当或句子不通的问题，从形式上看是语言的问题，而从内容上看则是思维的问题，是学生还不能正确地理解和运用概念，还不能对事物做出合乎逻辑的判断。事实证明，学生的语言总是随着其思维的发展而向前发展的。如果不重视思维的训练，学生不只思维的发展要受影响，语言的发展也会是不健全的。因此，我们应该在语言训练的同时抓好思维的训练，并且将二者有机地结合起来。例如在词语训练中应该很好地渗透概念方面的内容，在句子的训练中应该很好地渗透判断方面的内容，在论证方法的训练中应该很好地渗透推理方面的内容。不论听学生回答问题还是看学生的作文，不仅要注意到学生语言方面的问题，而且应该从语言的问题中看到思维方面的问题，这样才能使学生的语言能力以及思维能力都得到提高。

思维训练之所以要同语言训练很好地结合，也因为学生的语言对思维的发展同样起着重要的作用。语文的思维是一种以语言为工具的思维。在大脑中，要以语言为工具进行思考；思维的结果即思想，也要以语言为工具表达出来。可以说，离开了语言，便不成其为语文的思维。

因此，语文课的思维训练必然是语言性质的思维训练，是同语言训练结合在一起的思维训练。在语言训练中，每当学生理解和掌握了一个新的词语，一种新的句式，一种新的表达方式，他就寻求到了一个能够反映相应事物的词的标志，增加了一种能够反映自己思维内容的表达形式，他的思维也就向前发展了一步。正因为如此，我们进行思维训练必须紧密结合着语言的训练进行，只有这样，学生才能既会以语言为工具进行思维，又会以语言为工具进行表达，才会真正形成语言意义上的思维能力。

如果能够在听说读写的过程中抓好语言训练和思维训练，并能将这两种训练有机地结合在一起，同时能够注意从知识经验和非智力因素两个方面为语言和思维的发展创造好条件，才能真正体现语言和思维训练在语文教学中的核心作用。

第四节 课内教学与课外学习相结合原则

课内教学和课外语文学习相结合、相互促进是语文教学的基本原则之一，这一点无论是在学术研究，还是在广大教师中是有共识基础的。语文教学过程中，以课内教学为基础，把课内教学和课外语文学习结合起来，使有限的课内教学向无限的课外学习延伸和发展，通过课内外学习的相互配合、相互促进，提高语文教学的质量和效率。这项原则是对语文课内教学与课外学习之间辩证关系的科学反映。同时，语文教育发展历史也表明：坚持课内教学与课外学习有机结合、相互促进是全面提高语文教学质量的必由之路。

工具性是语文学科的属性，要求语文教学要使学生形成能力，学以致用。既能够听、读，又长于说、写。听、说、读、写是人们表情达意、交流思想和信息的工具，它一方面必须和社会生活取得联系，在社会生活实践中形成并最终接受社会实践效果的检验；另一方面，听、说、读、写能力是非经反复历练不可的，仅仅依靠课内有限时间，空间和有限的训练材料是远远不够的，要想历练有效必须向课外扩展。课外语文学习为听说读写等语文活动提供了更广阔的天地。语文学习的外延与生活的外延相等，从家庭生活到社会生活，从衣食住行到世间百业，语文学习无所不在，其范围之广泛，形式之多样是课内所无法比拟的。充分利用可以加强从知识到能力的迁移效果。在学习效率上，课外语文学习也有诸多优势。如学习内容与学习形式的相对开放灵活，可以更好地满足不同层次、不同兴趣爱好同学的心理需求，有利于因材施教，同时课外语文学习更加贴近生活，学习的情境性更强，语文的工具性特点更突出，有利于提高学生学习积极性。可以说，从中学生形成语文能力的全过程看，语文学习是不应也绝不可能划分课内课外的。

随着素质教育在语文教育教学中的逐步落实，语文教学除完成传授知识，培养能力，开发智力的智力目标，培养思想道德品质的德育目标及提高审美思想的美育目标外，更应在发展个性、增强信心、激发兴趣、传授方法、增长才干、培养开拓创新方面发挥优势，让每个走出中学校门的学生都是既具有聪敏才智，又拥有丰富思想感情和健全人格的"大写"的人。显然，以组织性、计划性、集中性、统一性见长的班级授课制，无法满足语文素质教育的要求。只有冲破单纯的班级授课制，教学活动向课外、向社会、向生活方向拓展，提倡"大语文教育"，采取"一体两翼"的教学结构（一体即课堂教学主体，两翼分别指语文学习环境和语文课外活动），优化学习环境，课内课外相互结合协调统一，才是解决课堂班级授课制与语文素质教育之间矛盾的出路，这也是确定课内外语文学习结合的现实依据。

由此可见，语文课内教学是课外学习的基础，并对课外学习起指导作用；课外学习是课内学习的延续和发展，又反过来丰富课堂教学的内容和形式。课内与课外相互补充、相互促进、相辅相成是语文教学的又一客观规律，认识与利用这一规律指导语文教学就可以做到得法于课内，增益于课外，促使语文教学整体效率的提高。相反，如果忽视这一规律，只重视课内而忽视课外就等于飞鸟断了一翼，飞不起来的是整个身体，而不仅仅是一只翅膀。那么，如何在语文教学中贯彻这一原则呢？

一、树立"大语文教育"观念

"大语文教育"是顺应时代发展而产生的一种科学的语文教育思想体系。这一体系的基本思想是：

（一）强调语文教育与社会生活的结合

即通过"一体两翼"的教育结构使语文教学以课堂教学为轴心，向学生生活的各个领域拓展，全方位地把语文学习与他们的学校生活、家庭生活和社会生活有机地结合起来，把教书与育人结合起来，把知识学习、能力培养、智力开发及非智力因素的培养结合起来，确保学生接受全面的、整体的、能动的、网络式的培养训练。

（二）强调语文教学与其他学科教学的有机结合

"大语文教育"思想着眼于学生综合素质的全面发展，追求语文教学内容、教学过程的开放性，使语文学习渗透到学生的一切社会文化环境之中，发展学生个性，进而培养成能适应时代要求的知识、能力及人格均健全的新人。

正确认识"大语文思想"，必须首先重新认识课内与课外的含义。语文教学的发展趋势表明，课内教学不再指传统的由固定的教室、固定的学生在固定的时间内学习统一教材的教学组织形式，而是指师生按照国家教学计划的要求和《新课程标准》，完成语文基础知识、基本技能、基本方法，以及初步认识能力的培养训练任务。所以即使是课内教学也不应拘泥于固定的场所、统一的形式，只要是以训练学生的基本语文素质为目标，便可认为是课内教学，同样课外教学也不再单指安排在教学规定的时间之外的"课外活动"，而是泛指与课内教学紧密相关的，对课内教学起强化巩固、实践运用作用的所有语文学习形式。课内与课外已不存在严格的界限，他们之间只有学习目标不同，没有学习形式上的差异。明确这一认识，才能在教学实践中更好地把课外学习的方法、手段引入课内，课内学习的经验引向课外；把学生已有的生活经验引进课堂，把课堂所得延伸到生活中去。两项协调发展、共同提高。在进一步认识"课内""课外"含义的基础上，语文教师还应明确"大语文教育"对课内教学提出了更高的要求，树立"大语文教育"观念，坚持课内教学与课外学习的有机结合。充分发挥课外语文学习的优势，是以高质量的课内教学为基础和前提的。课内教学有统一的教学计划，教学内容和质量检验标准，其传授知识训练能力的系统性是课外语文学习所无法比拟的。没有课内学习的思想基础、心理素质、知识和能力，就难以卓有成效地开展课外学习。因此，课内教学必须以其较高的质量水平，为课外学习打下坚实的基础。

二、发挥主体性，加强计划性

开放、灵活、自由、民主是课外语文学习的突出特征。课外语文学习的收获及效果与开放、民主的程度成正比。教师切忌干涉过多，如若课内满堂灌，课外还是满堂灌，学生必感索然无味。发挥学生的主体性并非自由"放羊式"，教师在教学、指导过程中要赋予每个学生平等的权利，为学生提供和体现他们主体性的条件和环境。教育他们争做主人，会做主人。同时，为确保课外学习的有效性，达到课内外学习的相互促进，加强课外学习的目的性和计划性是十分必要的。在制订学期、学年教学计划时，要本着课内外结合的原则，同时制订出课外语文学习的计划，使课外学习在内容和目标上与课内学习相联系。明确的目的性、严格的计划性是课外语文学习的可靠保证。

（一）课外阅读，给大脑充电加油

课外阅读是最经常最重的语文课外活动。语文教师都有这样的体会：语文成绩好的学生一般都爱读课外书籍。许多成功的经验告诉我们：大量的阅读，是学生全方位获取语言信息，立体化发展语言能力的有效途径。随着教育现代化事业的不断推进，学校均配备了一定规模的阅览室，有的还有电子阅览室，给学生的课外阅读提供了十分有利的条件。教师应充分发挥各种有利因素，广开渠道，开展各种阅读活动，使学生得法于课内，受益于课外，起到优势互补的作用。一是根据教学内容，运用好《语文补充阅读》；二是组织学生到阅览室进行专题性阅读；三是鼓励学生根据自身情况，自由借阅，每周必读一本。

开展课外阅读，应注意以下几点：①要有目的、有计划地安排读书活动；②让学生学会选择读本，做到内容适宜，口味相符，有益身心；③要教给学生阅读方法，如做好笔记等，培养认真读书的习惯；④不断激励，持之以恒，养成自觉读书的良好习惯。

（二）兴趣活动，促进个性蓬勃发展

2000多年前，孔子就说过："知之者不如好之者，好之者不如乐之者。"这句话透彻地说明了兴趣的重要性。兴趣是人积极探索和认识事物的助力。未来社会是个创新的社会，要提高全民族的创新能力，就要培养每个人的创新能力。青少年某一方面的特长、才能，往往从兴趣开始，而稳定的兴趣又能使人形成能力。学习语文也是如此，学生对语文的兴趣一旦调动起来，将会更好地促进学生个性发展，加速语言能力的形成，大大地提高语言学习的成效。因此，语文教师要根据学生的兴趣爱好，引导并组织他们参加校内和班级的兴趣活动，如组织书法小组、朗诵小组、写作小组等，学生可根据自己的兴趣爱好自由结合，开展兴趣活动；学期末，各组展示成果，并进行评比。对于能力较差的学生，教师要做贴心人，经常暗中提示指点，给他以"一鸣惊人"的机会，从而促使每一个学生的个性特长得到较好的发展。

（三）自办小报，使才能充分展示

现代科技的发展，要求一个人不仅能动脑，同时又能动手；不仅善于研究探索，又能勇于实践；不仅有知识创新，还要有技术创新、工艺方法创新。语文课外活动中如何提高学生的语文素质，如何培养创新意识和动手能力，是我们语文教师值得研究的课题。自办小报是一个极好的途径。办一张小报，要经历收集采编、设计排版、书写绘画等一系列复杂过程。这些过程的完成要靠学生做出许多努力，做多方面工作，能够体现个体的创意和操作水平，是学生综合能力的展示。教师可根据某一主题，让学生将课内外相关知识汇编成各种小报。

自编小报，也应注意几个问题：①主题选择要恰当精心。一是学生喜闻乐见，二是资料来源要广，便于学生采集信息。②合理安排办报次数，一般说，一学期不超过4次（每月一次）。③体现兴趣性。不必强求每人1份，非交不可，以免给学生带来心理负担。④注意点评激励，使他们越办越爱，越办越好。

（四）开展竞赛，让欲望不断迸发

学生爱自我表现，具有较强的荣誉感。开展多种竞赛活动，能有效调动学生的学习积极性，激发他们的创造和表现欲。在争相表现和争获荣誉的过程中，充分表现出创优的热情，创造的欲望也自然激发升腾。因此，教师可在语文课外活动中适当组织开展一些竞赛活动。如书法比赛、朗诵比赛、故事大王比赛、小报评比、作文竞赛、演讲比赛、

红色歌曲比赛等。通过各种竞赛，激发他们学好语文的欲望，从而努力学习，不断进取。

除了以上四种，还有许多形式，如：参观访问、"信息交流会"、排演课本剧……总之，多种形式的语文课外活动，有助于学生增加知识积累，得到智慧启迪，陶冶思想情操，有助于提高学生的语文素质，培养学生的创新意识和动手能力。

语文教学的各项原则组成是一个完整的体系。在教学实践中，他们各负其责又相互配合，从不同侧面指导着语文教学，教师只有全面、深刻地把握各项原则的本质、特征、要求，了解他们之间内在的逻辑关系，并能在教学过程中准确灵活地运用，方能收到理想的效果。

第二章 语文教学艺术

"现代教育之父"夸美纽斯在历史上第一部系统的教育学著作——《大教学论》中，开宗明义地指出，教学是"把一切事物交给一切人类的全部艺术"。中外许多教育家对"教育是一门科学也是一门艺术"是有共识的，也做过诸多深刻的阐述。"语文教学既要有严谨的科学性，又要有感人的艺术性。"科学性是教学成功的基本条件，若没有科学性，教学将会变得盲目、无序，失去正确方向。但艺术性则是语文教学的活性因子，若不讲究艺术性，教学则会变得死板、乏味，缺少勃勃生机与活力。

第一节 语文教学艺术理念

艺术是一种美的追求，也是美的方法和手段。语文教学艺术，是语文教师本身所具有的独特的创造力和审美价值体现，是在语文课堂教学领域中的结晶，是一个教师在长期课堂教学实践中积累起来的"教学经验""教学技能""教学技艺"发展的高级阶段和理想境界。教师在课堂教学实践中，根据教学目标，针对学生的心理特点和教材特点，富于创造性地选择恰当的教学模式，安排精巧的教学过程，运用新颖的教学手段，都属于教学艺术应用的范畴。语文教师在语文教学中就要树立艺术的理念，运用艺术的方法，实现理想的效果。在追求语文教学艺术理念中，我们要把握这样几个方面。

一、语文教学艺术是一种"美"，就要遵循美的规律，追求美的教学境界

在语文教学中，发挥创造精神，调动各种因素，显现时空变换的流动美、视听转换的立体美、绘景状物的色彩美、语言表达的音韵美、应对自如的机智美、启迪思考的哲理美等，极大地刺激学生的学习情绪，满足学生的学习欲求，创设愉悦和谐的教学氛围，取得良好的教学效果。

二、语文教学艺术，不仅要使学生愉快地学，而且要使语文教师愉快地教

语文教学艺术在关照教学对象的同时，也是对教师自身的审美关照。要达到这个境界，就离不开创造性的教学谋划和创造性的教学行为。教学设计，是教师的创造性思维在语文教学谋划中的运用，教师对教材的处理艺术、对学生学习力的判断艺术、对自我教育力的评估艺术是谋划的科学依据，对课文教学目标的确立与陈述、对教学方法的选择、对教学结构的安排，直接影响语文课堂教学行为。可以说，"运筹于帷幄之中"，决胜于课堂之上。

三、教学艺术就是审美化的教学活动

学术界对教学艺术的探讨，对我们认识语文教学艺术的本质具有借鉴作用。语文教学艺术，是指审美化的语文教学设计、语文教学行为或者语文教学中的审美特征。语文教学艺术中谋划的物化产品就是教学设计方案，这是我们对语文教学艺术的相对静态的认识。语文教学艺术的动态性特征就表现为教学的行为艺术。如果说设计艺术属于"战略"这个范畴，那么行为艺术则属于"战术"的学问。一切课堂教学的技术、技能，只要具有了创造性的审美特质，就可以包括在行为艺术中了。

四、语文教学艺术往往具有个性化的教学风格

艺术化当中必然有个性化。个性化是有效体现语文教学人文精神的重要手段。语文教学中需要教师的积极参与和投入。由于思想认识、社会阅历、性格爱好等诸方面的差异，他们对教材的认识、处理必然烙上强烈的个性印记，并把它宣泄于引导学生品味语言、探索思路、把握主旨、鉴赏意境之中。实际上语文教学的风格就是教师人格的外化。因此，语文教师应不断丰富自身的学识，提高自身的修养，在教学中努力发挥自己的特长。

课堂教学艺术包括的内容很多，这里仅从四个方面谈：

（一）导入新课的艺术

良好的开始，是成功的先导。各项工作如此，教学也不例外。做好导入新课，可以起到先声夺人的效果，为整堂课的进行打好基础。有经验的教师上课，非常重视导入新课的艺术。巧妙地导入新课，可以强化学生的求知欲望，激发学生的学习兴趣。使学生善于思考问题，以及培养学生的定向思维。具有导课艺术的教师，往往能把学生分散的注意力迅速集中，活跃课堂的气氛，收到优异的效果。所以，善于导入新课，是讲好课

的重要一环，是教师应掌握的基本功。

导入新课的方式，根据不同的学科、不同的内容，教师可以灵活掌握。常用导入新课形式有以下几种：

1. 设疑提问，导入新课

讲课一开始，教师要善于提出富有思考性的问题，使学生注意，积极思考。这样由老师提出问题，学生带着求知欲去听课，可以收到良好的效果。

2. 直观演示，导入新课

使知识形象地进入学生的头脑，也是教学的一门艺术。一些抽象的知识，通过直观演示的导入，能使抽象的知识具体化，为学生提供和积累丰富的感性经验。有的学科的教师，通过挂图、模型、实物等引入新课，能使学生引起兴趣，充分感知，加深理解，增强记忆，培养观察力和想象力，有效地发展智力。

3. 激发感情，导入新课

人的思维活动不是凭空产生的，而是借助于情境的刺激作用。在教学环境中，教师善于创设情境，正是引起学生创造性思维的重要条件。导入新课时教师如果能充满情意，感染学生，学生便能主动学习，增强学习兴趣。在语文、政治、地理等文化课中，开头，教师可以满怀感情颂扬我国令人神往的名山大川，著名的旅游胜地。这样导入新课，创设一种情绪气氛，来感染学生，使学生带着一种激情来学习。

（二）课堂讲授的艺术

在各种教学中，讲授是向学生高效传授知识和技能、发展学生的智能的一种有效方式。优秀的教师上课，总是认真讲授准确无误，方法灵活多样，重点突出。每堂课，教师要讲授的内容很多，但是，究竟开头怎样讲、中间怎样讲、结尾怎样讲，哪些应精讲，哪些应提问，哪些应练习，哪些应自学，所有这些，都应全面安排，做到心中有数，切忌盲目、无计划、照本宣科、平铺直叙、轻重不分。在各教学环节都安排恰当的前提下，课堂讲授的成败，主要是通过语言来进行的，即取决于教师语言的艺术。苏霍姆林斯基曾说：教师的语言修养，在极大程度上决定着学生在课堂上脑力劳动的效率。所以说，教师语言的艺术，要体现出下面三个特点：

1. 教师语言的准确性和精炼性

在各科教学中，学生是通过教师讲授来学习领会知识的。教师的语言，只有能被学生接受，才能提高教学效率。因此，教师讲授的语言必须准确精炼，逻辑性强，具有严密的科学性。

2. 教师语言的节奏感

在各科教学中，如果教师的语言具有节奏感，则能集中学生的注意力，避免单调刺激，减少学生的疲劳，使教学气氛和谐轻松。例如：教师在讲授概念和重点问题时，声调要有力，速度要缓慢，要深入分析论述，给学生留下深刻的印象。讲授次要问题时，速度可稍快，声调可稍低。教师讲课的语言，切忌太快、太慢、太高和太低。如在教学识字时，让学生知道"春节"是中华民族最重大的节日，用一首最有节奏感的儿歌来庆贺：边拍手边念：春节到，春节到；家家户户真热闹；吃饺子、放鞭炮；走亲访友祝福到。学生会非常感兴趣。

3. 教师语言的幽默感

课堂教学中的幽默，就是运用各种巧妙的、出人意料的或引人发笑的语言、动作与表情，以活跃课堂气氛，吸引学生的注意，增强学生求知的快感和引发学生的思考。实践表明，有兴趣的学习能使学生全神贯注，积极思考，凡是在满怀兴趣的状态下所学习的一切，常能迅速掌握，提高学习效率。

（三）组织教学的艺术

组织教学是课堂教学的重要组成部分，是集中和保持学生注意力的一种手段，是一堂课顺利进行的可靠保证。组织教学不但在上课一开始时进行，而且应贯穿在一堂课的全过程。教师能否把准备好的教材内容，有成效地传授给学生，组织好课堂秩序，是一个重要的问题。组织教学工作，应注意以下三点：

1. 组织课堂秩序，集中学生的注意力

在较乱的班级，教师如果不组织课堂秩序，就难按计划完成教学任务。即使在秩序较好的班级，开始也要组织课堂秩序。如何组织课堂秩序，常因教师而异，有的教师面对混乱的课堂和颜悦色，只用和蔼的目光、可亲的手势就能让学生顿时安静。这说明，组织课堂，要讲究艺术性。

2. 善于利用反馈信息，组织教学进程

在讲课过程中，要根据教学的内容和方法，组织好教学进程。如果在讲课过程中发现大多数学生表情都不对，如皱眉、瞪眼、精神萎靡等，说明他们没有很好接受教师所讲的知识，教师就不能再讲下去了，应该问学生什么地方听不懂，必须进行重讲或辅导性讲解。

（四）课堂板书的艺术

板书是教师增强上课效果的有力手段，是教师必备的一项基本功。教师板书的好坏，直接影响着教学效果。精心设计的板书，能把所要讲的主要内容形象地展现在学生的眼前，使学生方便阅读，充分感知，领会要领，加深理解和记忆。同时还能引起美感，潜移默化地陶冶学生的情操。

教师一节课要讲的内容很多，不能把所讲的东西都写在黑板上，所以好的板书要具备中心突出，立意鲜明，书写清晰，条理工整。优秀教师上课，都精心设计板书。板书不好或不写板书，都会影响教学效果。

板书的格式多种多样，应用最多的是提要式、词语式、图示式、表格式等。不论采取哪一种形式都必须做到：

1. 内容要确切，外形要规范

板书的内容，要重点突出、详略有别、确切、层次分明。板书的外形，要讲究规范，大小适当，工整醒目，严防模糊潦草，杂乱无章。

2. 要合理布局，新颖别致

板书的布局，要讲究格式，选择位置，合理而清楚地分布在黑板上，使学生易于观看和理解。设计板书，不要老是一个模式，要注意新颖别致，以集中学生的注意，引起学生的兴趣，激发学习的积极性，获得最佳教学效果。如课文《月亮湾》，在分析课文的过程中，采用"我问你学"的方式进行简笔画板书，画出月亮湾、村子、小河、石桥、绿树、青山、农田的美丽。学生通过简笔画不但理解了课文内容，还能背诵课文。

3. 讲解要与板书、板图相结合

在课堂教学中，教师既要精讲重点，又要展示变化多样的板书与板图，图文并茂，二者有机结合，更能加深学生对所学知识的理解，提高教学效率。这样，学生一看就能抓住重点。

总而言之，课堂教学是一门艺术，对提高教学质量起着至关重要的作用，因此，每位教师都应深入地探索和研究。

第二节　语文教学艺术主要特征

一、具有内外结合的审美性

（一）探求教学内容的美

语文教材中编选的课文，大都是"依照美的法则创造出来的"文质兼美的典范文章，是集中反映自然、社会、艺术、科学、语言等客观美的结晶，蕴含着丰富的美学内容。如，诗歌中的意境美，《望天门山》"两岸青山相对出，孤帆一片日边来"气势开阔，意境高远；散文中的构思美，《海市》以假衬真，奇妙新颖；小说中的形象美，《荷花淀》水生嫂的聪秀、俊美与深明大义，以及说明文中的情趣美与议论文中的哲理美等。在教学中，教师要精心钻研，吃透教材，把握内容精髓，挖掘其美的因素，把学生带入美好的艺术境界，用美的信息激发、引导学生的审美心理和情感，培养人类崇高理想的审美意识，获得健美的心灵和高尚的审美情趣，形成正确的审美观念和健康的审美品质。

（二）塑造教师形象的美

在教学中，教师的责任十分重大。教授某门功课，自然是基本工作，但除此之外，学生还模仿教师。所以教师的世界观、行为、生活，以及对每一现象的态度，都这样或那样地影响着学生。这点往往是不易觉察的。因此，教师应十分重视自我形象的美的塑造。

教师自我形象的美学追求，应当把握外在美与内蕴美之间的辩证关系；外在美是内蕴美的表现形式，内蕴美是外在美的表现内容。外在的美主要指教师的教态美和教学表达形式的美。教态美指教师在教学过程中表现出来的仪表、表情、动作等诸方面的一种综合美，表现为衣着整齐美观，仪态端庄大方，举止自然、得体，态度亲切、热情、庄重、真诚等。教学表达的形式美则表现在多方面，诸如生动形象、富有情感、缓急有度、幽默诙谐、抑扬顿挫的语言美，张弛交错、疏密有致的节奏美，干净整齐、清晰、和谐、书写规范而又俊秀的板书美，等等。内蕴的美则涉及教师的道德品质、知识修养、能力结构、心理素质等诸多方面，教师的内蕴美或有震撼人心的力量，或有滋润心田的魅力。

语文教学艺术的审美特征，要求教师必须具备丰富深厚的审美修养，具有相当的感受美、欣赏美、创造美的能力。教师的审美修养越高，他对美的感受和理解就越深刻，这直接影响着教学艺术的创造。优秀教师具有较高的审美修养，他们不光运用娴熟的技能、技巧，更重要的是能自觉地使教学按照美的规律来进行，从审美角度进行教学设计，处理教学内容，安排教学活动，深入挖掘语文教材中的美学因素，创造美的教学环境，使教学提高到审美化的境界，在教学中，拨动学生"美感的琴弦"，启迪学生"创造美的智慧"，训练学生的审美创造力。

（三）引导学生对美的追求

1. 要善于引导学生发现美

优秀的文学作品能净化人的感情，培养人的情趣，美化人的灵魂，因此，在语文教学中要善于引导学生发现美。首先要把学生带进作品的艺术境界里去，让作品所展示的鲜明而真实的生活画面在学生头脑中多次浮现。以朱自清的《荷塘月色》为例，作者融情入景，借景抒情，通过描绘荷塘月色的美景，体现了自己情感的变化，一个普普通通的荷塘，在作者的笔下，一派清新、美丽的景象立即映现眼前：绿叶田田、荷花朵朵、清香缕缕、月色溶溶，就像朦胧的梦幻，像缥缈的歌声，这些无不流露着美。教师若能引导学生置身于这如诗如画的景象中，学生的头脑中就会出现一幅幅美的画面，激起学生去发现美：月下荷塘美，荷塘月色更美。

2. 要挖掘教材中的美点，指导学生学会赏析美

翻开一篇篇文学作品，一幅幅情景交融的美景就会生动地展现在我们面前，其中不乏社会美、自然美、形式美、结构美、人格美等。在语文教学中，教师应调动语文教学手段，从整体到局部，从字词句到篇章结构，从人物形象到思想品格，从内容到形式，引导学生品味、领悟、鉴赏、分析作品美的意蕴。字词是较小的语言单位，如果说一篇文章好比一栋房子，那么每个词语就是其中的一砖一瓦。品味课文中的字词，就能更深刻地理解文章的中心。

3. 要引导学生感悟生活和生命的美

语文教材展示的是形象美，但从形象具体的美中去感受人生，体验生活，就是一种思想的开拓，心灵的洗涤。在教学中要善于引导学生结合课文，启发学生联系生活，品析课文中人物的德行美，不断提高个人的思想品质。如《谁是最可爱的人》，魏巍通过三个片段叙述我们的志愿军战士在"松骨峰战斗"中表现出来的英勇顽强，他们的英雄事迹令人惊叹；在救朝鲜儿童中表现出来的奋不顾身，他们的国际主义令人震撼；在防空洞里吃雪的故事表现出来的以苦为乐，他们的爱国情怀令人起敬。学生读完后都深深体会到志愿军战士是最可爱的人，并谨记他们的精神品质，并化之为行动。

在语文教学中，教师要以饱满的情绪去创设鉴赏、分析的氛围，点燃学生思维的火花，对作品做出较为客观、正确的评价，辨别出事物的真伪、善恶、美丑，培养学生健康的审美观点和对美的鉴赏能力，培养学生美的情操，陶冶学生美的心灵。

二、具有师生互动的情感性

蔡元培先生说过："美育者，应用美学之理论于教育，以陶养感情为目的者也。"教学艺术是一种交流艺术，在传授知识的同时，伴随着师生间的情感交流。师生在交流情感的过程中掌握知识，在掌握知识的过程中交流感情。在语文教学过程中，既要晓之以理，又要动之以情。教师要努力运用课文佳作中所包含的真挚感情，叩击学生的心弦，激起他们感情上的共鸣。教师钻研教材时必须沉进去，披文以入情，把握作者的思想脉络，体会作者感情的波澜。教学时，教师要紧扣作品的文字，用准确生动的语言打动学生的心，使他们胸中或泛起涟漪，或掀起波涛，激发他们爱憎分明的感情。

语文是表情达意的工具。课文是语文教学中情感信息的主要来源。文章情铸成，有的抒情如急峡波涛，飞逐奔腾，一泻千里；有的则蕴藉深沉，含蓄有致。教师要善于挖

掘文章中丰富的情感因素，从意象、语言等表达中去捕捉情感的信息，品味文中真正的情感内涵。

唐代诗人白居易在《与元九书》中说过："感人心者，莫先乎情，莫始乎言，莫切乎声，莫深乎义。诗者：根情，苗言，华声，实义。"语文教学的内容，大多是情注其中的作品；语文教学的对象，是富有情感的学生。艺术活动是以下面这一事实为基础的：一个用听觉或视觉接受他人所表达的感情的人，能够体验到那个表达自己的感情的人所体验过的同样的感情。教学语言达到一定艺术水平，渗透其间的情感定会感染学生。因此，教师要强化教学语言的情感性，突出不同教学内容的情感特征。同时，教师可借助其他教学艺术手段，通过一定的教学技艺把学生引入课文的特定情境，与文中情感的波涛形成冲撞对流。有时可以通过一个个小高潮逐层铺垫，以求涓涓溪流聚成滔滔之江河；有时可筑起道道"堤坎"，来实施情感的蓄势和积累，造出感情波涛涌动翻腾、奔泻直下的胜景，形成教师的情感与教学内容、教学气氛的协调统一，完美结合。

三、具有多元立体的形象性

别林斯基说："艺术家是用形象来思考。"语文教学的思维形式，当然也离不开形象思维。教师的语言直观性对学生的认识、感觉等心理活动起着重要作用。除语言直观外，还要借助动作、图像、影视、音响等手段，使抽象的内容形象化。形象性是语文教学艺术的一个重要特征。

（一）语言的形象功能

亚里士多德在其名著《修辞学》中曾要求："文字必须将景物置诸读者眼前。"我国宋代诗人梅圣俞认为写诗要"状难写之景，如在目前"。教学语言描摹教材或某些生活场景中的形象，也应如此。教师要运用形象化的语言讲解知识，使学生通过具体的感性的形象思维活动把握抽象的理性知识；运用比喻、拟人、夸张等艺术手法尽可能逼真地再造教材或生活中的场景和形象，通过生动的描绘，复现作品中的形象，体现画面的神韵，使学生产生如临其境的感受；运用精彩的艺术处理，"创造"形象的美，通过教学语言的艺术描摹，"状难写之景，如在目前"。使语言形象比文字形象具有更强烈的感染力。我们在特级教师于漪的教学中即能充分感受到教学语音的形象美。

（二）体态语言的形象作用

教学语言不仅包括口头语言，也包括体态语言。体态语言，是用手势、姿态和表情来表达某种意思的一种无声语言，它辅助有声语言更准确、更生动地表情达意，使抽象的语言符号变为形象的活动，弥补语言表达之不足。一个形象的手势，一种鼓励的目光。一个亲切的微笑，一种高雅的姿态，都会给学生留下深刻的印象，巧妙恰当地运用，可增强教学的形象性，融洽师生感情，激活学习情趣，提高教学效率。

（三）电化教学的形象化效果

语文教学艺术是运用语言艺术、影视艺术、表演艺术、造型艺术等多种手段，将时空艺术、视听艺术等融为一体的综合艺术。随着科学技术的迅猛发展，电化教学手段辅助教学，在语文教学中运用日益普遍，丰富了教学的形象性特征。幻灯、投影、录音、录像、电视、电影、电子计算机等电化教学手段的广泛应用，使抽象的教材更加形象化。教学日趋生动，有声有色，感染力增强。

第三节 语文教学主要艺术形式

风格"是艺术所能企及的最高境界"。艺术风格是教学过程中体现教师个人特点的风度和格调，是教师教学思想、教学艺术的综合表现，具有独特性和稳定性。教师教学的独特风格，可给学生留下深刻印象，影响教学效果，对学生各种心理品质的发展具有潜移默化的作用。

教学风格是教学艺术个性化的集中体现，是教学艺术的升华，是一个优秀教师的教学走向成熟、臻于完美的重要标志。所以，我们在教学过程中要建树自己的风格，或风趣幽默，或妙语连珠、或旁征博引，或深刻精辟，或手段多变。

一、语文教学艺术风格形成的因素

语文教学风格的形成是一个长期的过程，必然要经过一个艰苦探索、不断完善的过程。研究语文教学风格的成因，可以从不同的视角来认识与把握。《文心雕龙·体性》中写道："夫情动而言形，理发而文见，盖沿隐以至显，因内而符外者也。然才有庸俊，气有刚柔，学有浅深，习有雅郑，并情性所铄，陶染所凝，是以笔区云谲，文苑波诡者矣。故辞理庸俊，莫能翻其才；风趣刚柔，宁或改其气；事义浅深，未闻乖其学；体式雅郑，鲜有反其习；各师成心，其异如面。"这里，作家的风格是"才""气""学""习"等因素形成的。

（一）课堂教学艺术风格形成的内在因素

1.认知水平

认知水平包括认知结构、体悟与表达等多个方面。教师的认知结构主要是教师头脑里的知识结构，是指其知识的广度、深度、系统性，各类知识之间复杂而特殊的关系以及迁移性的强弱等。教师所具备的较为完善的知识结构中，除了要系统、扎实、深刻地掌握本学科的专业知识和技能之外，还应具备比较系统的相关学科的基础知识，比较系统地掌握教育与心理科学的有关知识，自觉和灵活地用以指导课堂教学活动。如知识结构的完善对教师在课堂教学中旁征博引、深刻论证提供了基础条件，它是教师形成课堂教学艺术风格的知识基础；体悟是以头脑里的知识结构为基础从整体上挖掘课堂教学艺术性的过程，也是对原有知识的再加工以形成课堂教学艺术特征的过程。教师体悟能力的高低影响着课堂教学艺术造诣的高低，影响着风格的优劣；教师的表达是课堂教学艺术性外观的基础，不同的表达构成课堂教学艺术不同的风格。

2.思维品质

课堂教学艺术要求教师的思维品质具有敏捷性、灵活性、感受性与创造性的特点。这种思维特点在课堂教学中表现为：学科特征思维，体现出灵活的思维广度、深度、速度、灵活性、条理性等品质特征。教学思维，善于观察课堂上学生的心理活动，善于恰当迅速地调节课堂教学活动，以求得最佳的课堂教与学的效果。教学思维的敏捷性与灵活性表现了教师对课堂教学中客观反应的应变能力和教学机智，它保证了课堂教学良好状态的形成、保持与发展。而思维的感受性是对课堂教学进行艺术加工的基础，也就是把形象、生动的感性世界上升到理论认识，并且在课堂教学中还原艺术的这些特征，从而使教学具有很强的感染力。不同教师的思维感受性造成不同的课堂教学艺术风格特征。教师的工作是一项复杂的创造性劳动，课堂教学中他们时时面临着教学对象、教学内容、教学环境的变化，教师必须具备优秀的思维品质并能在课堂教学中充分发挥，这样才能使课堂教学呈现出常教常新的局面。教师的思维品质与特点，与形成不同类型的课堂教学艺术风格有着直接而密切的联系。

3.个性与人格特征

教师的个性特征表现在个人的兴趣与爱好、情感与气质等方面。良好的课堂教学应该是师生和谐共创的涌动的生命过程。它不仅是知识的授受过程，更是一个师生情感交流和共鸣的过程；它不仅要使学生的能力得到发展，更要使学生的情感态度得到发展。这些都需要教师具有吸引学生的情感特征。教师的人格魅力是教学中最宝贵的财富。它不仅在很大程度上决定了教师能否促进学生的人格健康发展，而且对调动学生学习的积极性与主动性，促进学生学业的进步都具有十分重要的意义。在理解别人、与别人相处以及了解自己的人格品质上，不同的教师是不同的。教师心胸豁达的程度、敏感性的强弱、对移情作用的理解和把握，以及客观性、真诚、自信、自重等方面都会有差别。教师个性特征和人格的差异是形成各种不同类型和水平的课堂教学艺术风格的重要内在因素。

（二）课堂教学艺术风格形成的外在因素

1. 学校教与学的环境

课堂教学是在学校这样一个大背景下进行的，因此首先要受到校风、教风、学风、师生关系等因素的影响。良好的教与学的环境和氛围对教学的影响是巨大的。例如，具有严谨、求实校风的学校与开拓、创新校风的学校，其教师课堂教学艺术风格会有所不同，这是由学校大背景的不同造成的。

2. 学校课程结构和体系

不同的学校课程结构和体系是影响课堂教学艺术风格形成的重要外在因素之一。单一的课程结构，造成课堂教学形式与内容比较单一。随着教学改革的深入，目前的课程结构和体系都发生了一定的变化。必修课、选修课、活动课三大板块的出现开始摆脱了知识本位思想的束缚，使得课堂教学艺术的形式和内容更为丰富了，为教师的课堂教学艺术风格的形成与发展提供了沃土。

3. 教材

教材是教师课堂教学的重要依据。教材的内容是知识的高度概括，虽然教材编写者试图用学生容易接受的语言表述，但它不可避免地会牺牲知识丰富多彩的一面。因此，教师的一个重要任务就是要以教材为基础还原出知识本来的面貌。而不同的教材，其还原性是不同的，它给予教师灵活发挥的余地也不同。另外，教材的编写思想、编排体系以及内容的选取，文字特点都将影响教师的课堂教学的艺术创造。可见，教材也是制约教师课堂教学艺术风格形成的一个重要的外因。

4. 教学对象

课堂教学对象的差异，会不同程度地影响教师课堂教学艺术风格的形成与发展。学生的学科知识基础与知识结构的不同，智力水平与思维品质的差异等因素，都会直接或间接地影响教师课堂教学艺术的发挥与创新。作为一名优秀教师，必须善于捕捉和分析学生学习中的动机、行为等心理活动，创造条件把书本的知识转化为学生的真知，并在这个过程中引导学生把学到的知识转化为相应的能力。

二、语文教学艺术风格的类型

关于文学风格的分类，我国古代的文艺理论家们有不少创见。刘勰在《文心雕龙·

体性》中将文学风格归为"八体"："一曰典雅，二曰远奥，三曰精约，四曰显附，五曰繁缛，六曰壮丽，七曰新奇，八曰轻靡。"晚唐司空图的《诗品》则将诗的风格列为二十四品。在当代文学批评中，对作家风格亦有精妙的概括，"郭沫若文章，气势磅礴。茅盾笔触，细致入微。老舍诙谐，巴金缠绵。周扬明哲，赵树理喷发着泥土气息。郑振铎渊博，冰心慈爱，张光年热情澎湃，方纪潇洒流畅，袁水拍机智，康朗甩华美如西双版纳的孔雀"。

从古人与前辈关于文学创作风格的理论来看语文教学的风格，我们可以得到很大启示。依据语文教学自身的特点，分析其风格，则教师在课堂上的谈吐、风度，教师表现出来的学养、气质，教师对教法的选择、教学语言的运用，教学时师生关系的形态性，都可以作为分析语文教学风格的着眼点。语文教学风格的类型千姿百态，异彩纷呈。

（一）激情型

"登山则情满于山，观海则意溢于海"，这是一种艺术化色彩尤其是情感色彩浓郁的教学风格。属于这种风格类型的教师往往情感丰富，语言优美，具有良好的文学素养。在这种风格类型的课堂上，或伴有教师声情并茂的朗读；或听到教师饱含深情的讲述；或看到情景交融的美丽画面，学生在教师创设的情感氛围中，经历了"感知—感染—感动"的情感历程，与教者、作者及课文中人物形成情感共鸣，他们吮吸着知识的琼浆，并受到情感的陶冶，得到美的享受。

（二）谨严型

这种风格往往出现在长于逻辑思维的教师的课堂上，教学内容精确，结构严谨，层次分明；教学语言准确、精练、逻辑严密。属于这种风格的教师注重教学程序的科学性，组织学生按照严格的程序进行训练活动，使学生在严格而有序的训练中提高能力，并养成良好的学习习惯和思维严密、表达精确的语言品质。有的教师在指导学生阅读时，就借鉴国外 SQ 3R（浏览—提问—阅读—复述—复习）读书法，把读书过程规格化，制定切合实际的规格，对学生进行严而有"格"的训练，使得学生读有其法，思有其序。

（三）睿智型

属于这种风格的教师，十分重视教学过程中创造性思维能力的培养。问点的选择、问题的解析、教法的运用、教学结构的安排，常常是新意迭现，出人意料，体现出创造性教学的活力。课堂上学生思维活跃，思路开阔。教师不依常规，寻求变异，往往从新的角度提出问题，引起学生多方面、多角度、多途径思考问题，探求解决问题的多种可能性。训练学生用新的观点认识事物，冲破习惯范围，超越常规限度，提出不同凡俗的独特见解。

（四）博雅型

具有这种风格的教师，大多学养深厚，上课时课内知识与课外知识巧妙结合，融会贯通，他们多注重讲求内容的丰富性，善于纵横比较，旁征博引，语言畅达，居高临下，潇洒从容，显出一种大将风度。

第四节 语文教学艺术风格的形成与把握

茅盾在分析文学创作风格时说过："所谓风格，亦自多种多样，有的可以从全篇的韵味着眼，用苍劲、曲雅、俊逸等形容词概括其基本特点，有的则可以从布局、谋篇、炼字、炼句着眼，或为谨严，或为逸宕，或为奇诡，等等不一。"同样，语文教学风格，从不同的角度可以划分出多种不同的类型，就具体人而言，其自身风格亦有其鲜明的个性特点，同时又在不断追求着风格的多样性。语文教学艺术风格的形成标志着教者的教学已进入了炉火纯青、卓然一家的高境界，它应当成为每个教师不断探求的理想目标。

一、语文教学艺术风格的形成过程

课堂教学艺术是教师独特的教学风格的集中体现，是教师教学工作个性化进入稳定状态的标志。教师形成独特的教学艺术风格，一般要经历四个阶段：

（一）模仿性教学

从搬用他人成功的教学经验开始。其模仿性成分较多而缺乏个性；教学方法单一，教学活动还处于随众状态；教师精力多集中在教材处理、教法掌握的探索之中，对课堂教学艺术的要求还处于萌芽和自发状态。这种积极的模仿是必要的，但应随着教学实践、积极思考、客观评价以及教研活动的深入，使自己课堂教学的自立因素不断增强。

（二）独立性教学

这是教学艺术发展的关键阶段，是形成教学艺术风格的前提。这阶段的教师已能成功地把他人的教学经验转化为适合自己特点的行为策略，并针对教学内容和学生学习特点，独立设计教学结构，处理教学重点和难点，教学开始呈现鲜明的节奏，开始有意识地研究教学语言的艺术性、教学组织的灵活性与技巧性，教学的个性化特征开始显现。

（三）创造性教学

扎实的教学能力、坚定的教学自信，使教学实践呈现创造性的意向和行为。其特点表现在教师对教学方法和改革与综合运用上，如自觉探索课堂教学结构和方法的最优化，追求最佳效果；针对性地研究学生学习的规律与心理特征，有效利用教学信息反馈，实现反馈优化控制；充分利用情感因素调动学生学习的情绪，力争使每个学生通过教学活动得到发展，教师的教学艺术开始发挥其功能效应。

（四）独特艺术风格的教学

教学艺术风格在课堂教学的各个环节已都有独特而稳定的表现，并呈现出鲜明的个性风格。其特征是，教师的教学活动与学生学习的内在规律相吻合；教师的艺术风格能针对不同水平的学生和教学环境，进入充分自由发挥的状态；教师对教学艺术效应进入自觉追求阶段，不断突破他人，也突破自己，课堂教学成为真正的艺术，从"必然王国"迈入"自由王国"。

二、语文教学艺术风格的把握

一个教师，不管其课堂教学艺术风格怎样，但其间的规律是一致的。就是在保持自己的风格的基础上，如何让四十分钟的课堂保持活力、热度、激情，这是每一个老师都在探讨的问题，只是所思索的角度和表现形式各有差别。

（一）注重教学内容的疏密有致

古人在论及中国画的构图技巧时说："疏可走马，密不透风。"意思是说留下的空白，可以用来跑马，用墨多的地方连风也吹不过去。语文教学也应讲究"疏"与"密"的技巧。教学活动信息量的疏和密直接影响学生心理感受，疏给人舒缓、轻松的感觉，密则使人感到急促和紧张。密而不疏，会给人以堆积感。学生长时间紧张，容易疲劳；如果一味地疏而不密，则会使人产生空疏感，学生情绪过于松弛，注意力就难以集中。只有疏密相间，才会给学生带来有张有弛的心理节律，保持旺盛的精力。所以，教学内容的安排要区分详略并进行合理组合与布局，讲究信息的疏密相间，错落有致。一般说来，重点难点要重锤敲，要学生精力高度集中，积极思考，以体现一个"张"字。如在讲解课文《荷花淀》时，重点放在水生嫂及那些女人的身上，也就是人物形象的塑造，而对小说中的其他要素——环境，情节则要淡处理，以便学生能区分重点，学有所受。对学生易懂的非重点内容，则可在"张"中体现一个"弛"字。张而不弛和弛而不张，都是不讲究节奏美的表现。只有在紧张之中见松弛，激越之中见舒缓，学生才能在张弛相济、起伏有致的富有美感的节奏变化中轻松愉快地获得更多的知识。

（二）注重教学方法的巧拙相叠

"拙"，这里指的是遵循常规，采用常规的教学方法。教学时守拙，就是要遵循大纲提出的基本教法；"巧"，指不循常规，灵活运用教学方法。教学中"用巧"，要符合教育学心理原则。在教学中，我们既要遵循常规，又要突破常规，两者结合运用，才能取得最佳的教学效果。如围绕重点部分读、思、议是突出教学重点的常规教法，这是"拙"；把重点的突破渗透到预习或专门性的练习中，这是"巧"。抒情性浓的课文，读读议议是"拙"，以读代讲是"巧"；意境优美的课文，引导学生把对课文的理解用语言表达出来（言传），是"拙"；引导学生通过想象进入课文所描述的情境（意会），是"巧"。常识性课文的教学，引导学生从部分到整体，逐一概括出常识性知识要点，是"拙"；提供相关资料，让学生参照阅读，加深对常识性知识的理解，是"巧"。教中应根据课文特点，确定是守拙还是用巧，以求取得最佳的教学效果。

（三）注重教学程序的顺与逆融合

"顺"是按课文顺序安排教学程序，"逆"是不按顺序，而是或从结尾段导入，或从重点段教起。比如在教学《装在套子里的人》时，并不是一开始就把写作背景介绍给学生，而是通过分析别里科夫这个人物形象的时候，把背景糅合其中，这样，学生更容易理解，而且也有助于对人物形象的分析。同时，教学中也常是顺中有逆，逆中有顺。如逐段讲读课文，这是"顺"，但在有的段落的讲读中，经常抓住结句理解段落内容，这是"逆"，是"顺中有逆"；抓住篇末的中心句来讲读课文，这是"逆"，但抓住中心句后，却又是按课文顺序来理解，这是"顺"，是"逆中有顺"。教学程序是"顺"是"逆"，应根据课文特点和学生的阅读基础确定。学生基础较差的，可以逆教的课文也应"顺"教，以利学生理解；学生基础较好的，可以逆教的课文就"逆"教。还可以"逆"中有"逆"，以利培养学生的推理能力。

（四）注重教学形态的动静结合

教学中的"动"是指讲解、朗读、讨论、操作，是"有声有行"的教学；"静"，是指学生的默读、观察、思考、想象，是无声世界。教学中的"动"，活跃课堂气氛，能使学生保持注意力；"静"则有利于学生思维的深入。教学中，"动"多"静"少，表面上热热闹闹，但学生的思维很少参与学习，学习效果肯定不好；"静"多"动"少，则学生容易疲劳，不能有效利用"静"的时间。因此，应考虑年级特点，"动""静"

合理搭配，低年级以"动"为主，随着年级的升高，要增加"静"的次数，延长"静"的时间。

（五）注重教学语言的庄谐相济

教学语言的"庄"，指用词准确，逻辑性强；"谐"是有趣，有幽默感。理解教材，主要靠符合逻辑的讲述，但用词准确的逻辑性的讲述时间一长，容易引起身心的疲劳，因此讲课应该是亦庄亦谐，寓庄于谐。导入时宜庄，能激发兴趣和诱导注意力的定向；在集中精力突破难点后宜谐，能使学生大脑有所放松，较快地消除疲劳。高年级应庄谐并用。在教学中，创设情境的语言是"谐"，设置悬念的语言是"谐"，形象化的描述能引起学生想象的也是"谐"，借用其他行业的语言或流行语于教学的也是"谐"。另外，调侃学生也是"谐"，它容易激发争强好胜学生的竞争心理，但自卑心理较重的学生容易受到伤害，因此须慎用。

（六）注重教学风格的情理互生

在教学风格中，有的擅长于"情"，善于调动学生的情感，使学生爱学、乐学；有的擅长于"理"，通过符合逻辑性的教学程序的安排和有很强逻辑性的讲述，使学生掌握知识和学会学习。据心理学研究，上述两种风格都可取得较好的教学效果。学生的学习有两个心理系统在起作用：一是动力系统，如兴趣、情感、动机，一是认识系统在起作用，如观察、记忆、思维、想象。善于煽情的，促使学生动力系统起作用；长于说理的，则促使学生认知系统起作用。在教学中，应力求把两者结合起来，形成混合型的风格。善于"煽情"的要学习有条理的讲述，靠逻辑的力量提高教学效率；善于"说理"的要学习激发学生的兴趣，调动学生的情感，使学生爱学、乐学。在教学中，我们要灵活运用各种教学技能技巧，使之处在协调、适中、完美的状态中，这样学生才能在和谐中进步、提高、发展。

第三章　语文教学过程设计

第一节　语文教学过程的特征

教学目的需要经过一定的教学过程来实现，教学规律必然在教学过程中发挥其客观影响，教学原则在一定的教学过程中去贯彻，教学内容必负载于教学过程，教学过程必伴随某种教学方法。教学过程是教学论中一个绕不过、避不开的论题之一，探究语文教学过程的"生成"，有必要先弄清楚教学过程及其本质。关于教学过程及其本质，中外教育史上不少专家、学者有不尽相同的见解。

教学过程是教师的教与学生的学相结合的双边活动过程。教学过程是学生在教师的指导下，对人类已有知识经验的认识活动和改造主观世界、形成和谐发展个性的实践活动的统一过程。教学过程是一个特殊的认识、感受和体验过程。教学过程的本质即是按照一定的社会目的和要求，在特定的教育情境下，通过老师与学生的交往，一方面，老师有计划、有组织、有系统地传递知识信息，以此来影响学生的生理和心理发展和社会化进程；另一方面，学生也通过这种方式反过来影响老师的生理和心理的发展过程和社会化进程。

以上对于教学过程的认识虽各有侧重点，但可以说这些观点都已经超越了传统观念中把教学过程简化为教师的讲授、学生的记忆和练习的授受过程的观点，从中我们能够把握到教学过程的两个特质：其一，教学过程是双边互动的过程。教学过程强调师生双方的共同参与，"教"与"学"处于同一教育活动中，教学过程是师生教学活动合目的地连续展开的过程，而不是教师或学生单方面的和随意的行为动作，更不是某种一成不变的形式或状态。教师和学生，他们当中任何一方的能动性都不能够被抹杀。学生的学的确离不开教师的指引，但同时，"学"也必须通过学生自己的认识、实践活动把人类宝贵的知识和经验内化，这种内化不是教师或任何一个旁人所能替代完成的。双方在这一过程中相互依存、相互影响，从而使教学活动的状态不断交替变化，形成现实的、具体的教学过程。其二，教学过程是个流动变化的过程。我们在承认师生共同参与教学过程的基础之上，在肯定教学过程存在师生之间的交流和沟通并碰撞出思维火花的前提下，不得不注重教学过程的"流动"。众所周知，教学过程主要是通过师生的语言活动得以展开的。所谓教学过程的流动性，指的是一堂课教学中所包含的各种基本信息和定义伴随教学语言有秩序、递进地变化，最终引向或指向教师的目标这样一种教学过程。但我们必须看到，并非每一流动的方向都会顺利地指向教师的预期目标，会出现"出乎意料的、跳跃性的意义或信息流动过程"，这恰如博尔诺夫所说的"遭遇""遭遇不是事先计划好的，它是不可预料的，在任何时候都可能出现"，而教学过程"只是能创造一种可能的遭遇的前提"，至于"是否以及何时会产生遭遇则不是教师能决定的"。这种"遭遇"类似于课堂教学过程中，学生发出的出乎教师意料的言行，这使教学过程变得复杂，但同时也给教学过程提供了新的方向。

课堂教学过程是师生在共同实现教学任务中的活动状态变换及其时间流程，由教师、教学内容、教学环境（包括教学媒体）和学生等四个要素的相互作用构成。自从夸美纽斯（Comenius）创设班级授课制以来，课堂教学便逐渐成为学校教育活动的一种主要形式。在我国，课堂教学随着近代学校制度的建立而形成，作为教学方式已有百年的历史。我们可将课堂教学视为学校教育之成败下的"最后的领域"，对于一种教育系统来说，无论其被要求承担的职能多么"重要"，所构建的制度多么"合理"，所确立的目标多么"和谐"，所编制的课程多么"科学"，最终都必须经过课堂教学这一关。无疑，课堂教学过程在整个教育系统中处于牵一发而动全身的地位。语文教学过程，是在课堂中"教师根据语文教学的目的和要求以及学生身心发展的特点，引导学生有目的有计划地学习语文知识、培养语文能力、开发智力、陶冶情操、完善人格的过程"。从实践顺序来说，它分为"目标""实施"和"评价"三个连续的过程。

一、语文教学过程是特殊的认识和实践过程

马克思主义认识论认为，人类的一般认识过程是由实践到认识，再由认识到实践这种形式，循环往复，周而复始。马克思主义认识论包括两个基本方面即认识和实践方面。这里的认识不可以窄化成单纯的感知、记忆和思维过程；这里的实践，也不仅仅是教师、学生个体独立的活动，而且包含着相互的交往和影响。教学过程作为人类社会的一种认知过程，同样也应该包括认识和实践两方面。

首先，语文教学过程是学生在教师的引导下认识世界的过程。教师根据一定的教学目的、任务，引导学生掌握系统的科学文化知识和技能，使学生由不知到知，由知之不

多到知之较多，从而培养和提高学生认识世界的能力。

其次，教学活动是人类实践活动形式之一。从教师来说，教学活动是教师根据一定的社会要求改造受教育者的过程。这显然是一种改造主观世界的实践活动；就学生来说，语文教学过程是学生在教师指导下，积极主动地掌握文化知识、发展智能、丰富情感、完善人格，促进自身社会化的实践活动。在这个过程中学生只有通过必要的实践活动才能完成一定的学习任务。

最后，语文教学过程是一个认识和交往实践相统一的过程。语文教学过程又不完全等同于一般的教学过程，它具有自己的特殊性。这种特殊性同样表现在认识和交往实践两个方面。

（一）语文教学过程是一种特殊的认识过程

1. 学生认识对象的特殊性

人们认识世界的过程是探索尚未发现的客观真理的过程。语文教学过程不是直接去发现人类未知的东西，而是接受前人已经总结出来的语言文字知识，以学习间接经验为主。这样，学生有可能在最短的时间内获得前辈们在漫长的岁月里才能获得的知识。

2. 学生认识任务的特殊性

语文是一门人文学科，是工具性与人文性的统一。与其他学科相比，语文教学过程中学生的认识活动，不仅要掌握语言文字知识，使听、说、读、写能力获得和谐发展，同时还要接受情感的培养、人格的塑造，形成正确的世界观、人生观和高尚的思想品德。

（二）语文教学过程是一个特殊的交往实践过程

1. 交往实践目的的特殊性

语文教学过程要引导学生掌握书本上的阅读、写作、口语交际、综合性学习等方面的理论知识，同时要将其掌握的理论知识用于实践，从而能够正确地运用祖国的语言文字。

2. 交往实践环境的特殊性

"语文的外延等于生活的外延"，语文教学必须联系实际、联系现实，但是教学的特殊性决定了师生交往实践活动多限于学校这个特定的教学环境之中，教师根据教学任务，事先进行规划设计，对学生进行引导、调节，达到预期的目标。

3. 交往实践方式的特殊性

在语文教学过程中，教师可以通过演示、参观、社会调查、社会实践等多种形式，丰富学生的感性经验；教师还可以借助教具，如图画、音乐、电影、电视、幻灯片等，让学生生动地感知语言现象。这些实践方法，是教师根据一定的教学目的、任务进行精心设计和周密安排产生的。更主要的是，教师还可以借助自己的人格和精神魅力来影响和促进学生的学习成长。

二、语文教学过程是师生共同获得发展的过程

语文教学过程是师生双方共同参与的特殊的认识和交往实践的过程。在这个过程中教师和学生都会发生改变，获得发展。所谓"学，然后知不足；教，然后知困。知不足，然后能自反也、知困，然后能自强也。故曰：教学相长也"。意为教和学两方面互相影响和促进，都得到提高。

语文是学校的一门主干课程，开设时间最长，课时最多，内容非常丰富，语文教学过程是使学生的身心获得全面的培养和发展的教育过程。语文课是语言课，语言是思维的工具，没有语言的思维是不存在的；思维是语言的内容，没有思维就不可能有语言。通过语言的学习，学生不仅掌握了语言知识，同时可以促进思维的发展。听、说、读、写的各种语言训练，可以从各个层面开发学生的记忆力、观察力、联想力、想象力等。语文课丰富的知识教育、情感教育、审美教育、品德教育，将使学生各种心理过程以及个性心理特征和行为习惯得到相应的培养和发展，产生以认知为基础，知、情、意、行全面发展的效应。

语文教学过程也是教师获得发展的过程。教师是教学过程的主导，通过自己的言谈、举止、情感等个人特征对学生施加影响，对学生的学习产生作用。同时，学生在教学活动中的行为特点以及需要、兴趣、态度等也在对教师产生反作用力，影响教师的教学行为。学生总是期望自己的教师学识渊博、待人和蔼、对工作热情负责、对学生关怀爱护、能理解学生，同时也希望教师的讲课准确、清晰、流畅、逻辑性强。这些期望和学生的其他一些需要会对教师产生积极的作用，成为推动教师前进的动力，让教师明白要满足学生的需要，教学游刃有余，只有学习、学习、再学习，不断地提高和完善自己。正如陶行知先生所说："在共同生活中，教师必须力求长进。好的学生在学问和修养上，每每欢喜和教师赛跑。后生可畏，正是此意。我们极愿意学生能有一天跑在我们前头，这是我们对于后辈应有之希望。学术的进化在此。但我们确不能懈怠，不能放松，一定要鞭策自己努力跑在学生前头引导学生，这是我们应有的责任。师道之可敬在此。所以我们要一面教，一面学。"

三、语文教学过程是一个多向对话的过程

教学原本就是形形色色的对话，具有对话的性质。语文教学过程是一个复杂的对话过程，包含多组对话关系：教师与学生的对话、学生与学生的对话、师生与文本的对话。

英国物理学家、思想家戴维·伯姆则认为，对话是一种流淌于人们之间的意义溪流，它使所有对话者都能够参与和分享这一意义之溪，并因此能够在群体中萌生新的理解和共识。对话追求的不是单方面的胜利，而是"一赢俱赢"，在对话中，人人都是胜者。课堂教学的过程不仅仅是教师"传道、授业、解惑"的过程，更是学生"求知、质疑、解疑、生成"的过程。这就决定了真正有意义的教学过程必须始终是一个师生、生生平等合作的对话过程。从师生对话的层面看，教师牢牢把握了教学目标和阅读心理过程，或激发兴趣，或启迪思维，或巧妙点拨，或娓娓交谈，体现师生之间的平等关系，倾注浓浓的人文关怀；从生生对话的层面看，学生可以大胆地亮出自己的见解和疑问，可以对别人的意见做出自己的判断与评价，可以沟通信息、共享成果，在对话的过程中，教师与学生、学生与学生发生情感的交流、思想的碰撞，产生出智慧的火花，完成对知识的有意义建构。

课堂教学对话是基于文本和问题展开的。阅读是读者与文本相互对话并构建意义的生成过程。首先，教学是教师与文本的对话。教师在其设计和规划整个教学活动之前，要与文本进行对话，将其内化为自己的东西。然后，在教学过程中，根据文本的内容和特点，制定相应的教学策略，引导学生激活原有的知识，与文本进行对话，去自行发现、自行建构文本的意义。

教学过程的对话还包括师生与教学环境的对话。课堂教学是一个动态生成的过程，有一定的不可预测性。因此，教师必须打破课前预设性教学设计统治课堂教学的局面，坚持将计划性与生成性课程资源有机结合起来。高明的教师总是善于捕捉和利用那些稍纵即逝的生成性教学资源，让课堂教学充满灵性和激情。

四、语文教学过程是动态生成的过程

动态生成性是对教育过程生动可变性的概括。它是对过去强调教育过程的预先设定性、计划性的一个重要补充和修正。一个真实的教育过程是一个师生及多种因素间动态的相互作用的推进过程，一方面它不可能百分之百地按预定轨道进行，会生出一些意料之外、有意义或无意义、重要或不重要的新事物、新情况、新思维和新方法，尤其是当师生的主动性、积极性都充分发挥时，实际的教育过程远远比预定的、计划中的过程生动、活泼、丰富得多，另一方面，从教到学再到学生发展的过程本身就是一个动态转化和生成的过程。生成强调的是教师、学生、文本三者之间的互动，即学生在原认识的基础上，通过与教师、文本的对话交往，实现意义的获得及自我主体的建构。生成表现在课堂上，指的是师生教学活动离开或超越原有的思路和教案；表现在结果上，指的是学生获得了非预期的发展。

汉语言文字的特点，学生反应的多元性和学生良好的语感和整体把握的能力，给了教师和学生更多发挥的空间，这就决定了语文教学过程比其他学科的教学过程更具有不可预测性。因此，传统那种"走教案"或用教案"框"学生的僵化的语文教学过程是不科学的。所以，语文教学过程需要设计不应拘泥于设计，它是一个逐步展开、逐渐生成的动态过程，具有开放性、生成性和灵活性。

第二节 语文教学过程存在的不足

长期以来，我国语文教学费事、费力、效率低下。吕叔湘在《当前语文教学中两个迫切问题》中揭露过"中小学语文教学效果很差，中学毕业生语文水平很低"，语文教学存在少、慢、差、费的严重状况，并且尖锐地批评："10年的时间，2700多课时，用来学本国语言，却是大多数不过关，岂非咄咄怪事！"总结起来，语文教学过程存在的问题，主要表现在以下几方面。

一、师生关系不和谐

教师在教学过程中应该扮演什么角色？孙中山先生主张"文学渊博者为师""唯必有学识，方可担任教育"，梁启超认为"师范也者，学子之根核也"。这些论断有一个共性就是强调教师的工具性价值，强调教师在教学中的权威地位。

传统语文教育非常强调教师的工具性价值，强调教师在教学中的权威地位。这种对教师角色的传统定位，在教学过程中逐渐形成了以教师为中心，以教材为中心，以课堂为中心的教学模式，教师成为知识的化身。我们常听到这样的说法："要给学生一碗水，教师自身先要有一桶水""教师是警察""教师是园丁"。在第一个比喻句中，教师成了"积水缸"，而学生则被当作一种接受知识的容器，抹杀了学生的主体地位。第二、三个比喻句，把教师比作警察、园丁，强调对学生的严格控制，着眼于学生的问题与错误，挑剔多而鼓励少。正是在这样的指导思想下，一些教师把自己当作课堂上的绝对主人，高高在上，神圣不可侵犯，学生只是一个机械的"接收器"，师生之间没有应有的思想碰撞和情感交流，有的只是机械的知识交换和能力训练，学生在课堂上战战兢兢，不敢越雷池半步，面对文质兼美的教材提不起半点兴趣。这样的师生关系，这样的教学氛围，何谈教学过程的优化？何谈向课堂要效率、要质量？

二、重传授，轻探究，轻实践

在语文教学过程中，很多教师习惯高高在上，以知识的权威拥有者和传授者自居，在教学过程中基本上是独霸讲台，在课堂上没有思想的碰撞，没有心灵的对话。如，有的教师习惯于机械地我讲，你听；我问，你答；我写，你抄。在教师滔滔不绝的灌输中，在默默无语的聆听中，学生的灵性，学生的探究能力、实践能力、创造能力，被一点点磨灭，还奢谈什么发展个性，提高教学质量？当然更找不到那种"学而时习之，不亦乐乎"的感觉。

在语文教学活动中，教师毕竟是外因，是催化剂，要想产生奇效，还需要学生这个内因自身去消化融会。伦敦奥运会上中国游泳健儿威震世界泳坛，就是一个绝好的论据，"师父引进门，修行在自身"。语文是记录语言文字的学科，通过语文的学习，要让学生能够正确地运用祖国的语言文字，如果教师只是尽其"传道、授业、解惑"之天职，恐怕还不能算是"善教者"，教学效果也难以令人满意。只有让"课堂"成为"学堂"，成为学生主动建构知识、探究知识的舞台，让学生在教学实践中学语文、用语文，那么，师生共同进步、其乐融融的教学情景才会出现。故教师之为教，不在全盘授予，而在相机诱导，令学生运其才智，勤其练习，领悟之源广开，纯熟之功弥深，才是善教者。

三、语文教学结构的程式化和伪创新

（一）教学结构程式化

受赫尔巴特学派的影响，以教师为中心的教学结构在中国大行其道，尤其是在阅读教学中，把教学过程分为解题—时代背景—作家和作品—分段—总结段意—归纳中心—艺术特色—布置作业八个阶段。这种教式具有思路清晰、重点突出、便于操作的优点，尤其适用于那些篇幅较长、难度较大的课文的教学。但是，这种教式在使用过程中也暴露出一些问题：一是对教师中心地位的强化，不利于学生主体地位的体现；二是教式的使用缺乏选择性和灵活性。无论何种题材的文章，无论是何种年龄阶段的学生一律都用这种教式，不符合语文的学科特点，不符合学生追求新奇的年龄特征，不但不利于学生掌握知识，而且还会扼杀学生学习语文的积极性。如诗歌这种文学样式，以凝练的语言表达丰富的情感和思想内涵，特别讲究表达效果的整体性。诗歌的教学过程重在通过对意象、意境的整体把握，来领会诗歌的情感和语言艺术。教师的整个教学过程，应该将诗歌视为一个整体来进行认识和思考。但是，一些教师将诗歌严格按照传统的教学程序不厌其烦地进行分段、段意总结、中心概括，把一首极具美感的诗分析得支离破碎。在教师喋喋不休的讲解声中，学生对诗歌的喜爱一点点丧失。面对此情此景，难怪有人会发出语文是"学生的桎梏""文学的悲哀"的呼喊。语文何罪之有？原因还是在于教学执行者——教师的教学水平低下。教师能否灵活使用教式，避免程式化倾向，可以说是衡量一个教师教学水平的重要指标。

（二）教学结构伪创新

自 21 世纪开始，我国展开了新一轮的教学改革，此次改革特别强调教育教学要以学生为本，促进全体学生共同发展。《普通高中语文课程标准》指出："应该重视语文的熏陶感染作用和教学内容的价值取向，尊重学生在学习过程中的独特体验。应该让学生在广泛的语文实践中学语文、用语文，逐步掌握运用语言文字的规律。"新形势下，广大的语文教育工作者，摒弃传统的不利于学生综合能力发展的"八步"教式，以学生为中心，积极探索灵活高效的课堂教学范式，各种新的教学范式层出不穷，课堂分为"预习、展示、反馈"三种课型，展示课分"预习交流、明确目标、分组合作、展现提升、穿插巩固、达标测评"六个环节，呈现出"立体式、大容量、快节奏"三类特点。这种模式最本质的特点是一改教师在课堂上一统天下的局面，让学生动起来，将课堂还给学生。

不可否认的是，一些教师由于对新课改理念的理解不够深刻，在运用以学生为本的创新教式时，教学目标不明确，一味强调学生在教学中的主体地位，忽视教师在教学中的引导作用和调控作用，把华而不实、脱离文本的讨论、探究、表演当作创新，整个课堂结构松散混乱，漫无目的，教学效果十分低下。

第三节 语文教学过程的优化

教学过程最优化是苏联当代教育理论家巴班斯基所提出的一种教学理论。所谓"最优化"，指的是从一定标准看是最好的。教学过程效果最优化的第一个标准是每个学生按照所提出的任务，在一定时期内知识、能力、情感态度价值观三个方面，最高可能获得的水平（当然，不能低于及格水平）。第二个标准是学生和教师遵守相应指示所规定的课堂教学和家庭作业的时间定额。教学最优化还可能有另一条标准，"花费必需的教学经费标准最少等"。这里提出了教学效果的标准和教学时间的标准以及教学经费的标准，概括地说，就是要求用最少的教学时间，花最少的教学经费，取得最好的教学效果。那么，究竟怎样才能使语文教学过程最优化呢？可以采取以下措施：

（一）构建和谐的师生关系，营造良好的教学氛围

优化语文教学过程，首要任务就是协调好教师和学生的关系。教师和学生的关系是

贯穿整个教学过程的最基本的一种关系。这种关系以对方的存在为自身存在的前提，二者相互依存、相互作用、相互促进。其中教师是主导者，学生是主动者。

教师和学生是一种工作关系，他们为完成一定的教学任务而产生，不以教师和学生的主观态度而转移。但是教师和学生不仅仅是一种就事论事的工作关系，也是一种人际关系，是人对人的私人交情和交往。人对人关系有三种："我对我"关系、"我对你"关系、"我对他"关系。"'我对我'关系一般是指知识论意义上的自我反思关系，另外也指存在论意义上的创造性。""我对我"关系在教师身上表现为自尊、自重，即对得起自己的良心和人格。"我对他"关系是在礼仪中的处世方式，由于受利益支配，"我"总是把他人当成某种对象、东西、手段，而让自己充当主体。"我对你"关系指一种免除压迫即两个自由人格的共处、一种人格对等的交往。师生之间的"我对你"的关系是教师对学生人格的尊重和自由存在的承认，这是各种具有实质意义的美好人际关系的预先交往（如相互理解、相互体谅、相互信任、互尊互爱），这种关系是不涉及外在利益的纯粹的待人方式。"我对你"的原则是我将按你的自由和尊严来对待你，你也按照我的自由和尊严来对待我，师生之间的人格是对等的。

在语文教学过程中，教师只有把学生看作值得尊重的人，尊重他们的认知、尊重他们的感情、尊重他们的创造，才能构建师生之间和谐的"我对你"的关系。在这种和谐的教学氛围里，师生平等相待，学生才会从不敢越雷池半步的"接收器"变成一个敢于主动探索的灵动的个体，展开与教师的对话、与同学的对话、与文本之间的对话，只有在平等的思想对话和情感交流中，学生的心灵才会真正地获得自由，潜能才可能得到释放。当学生的积极性真正被调动起来之后，就为教学过程的优化打下坚实的基础。苏联教育家巴班斯基曾这样说："在教学过程最优化的条件下，教师是否善于在课堂上建立精神上和心理上的良好气氛是起着巨大作用的，在良好的气氛下，学生的学习活动就会特别有成果，就会达到可能的最优效果，学生在感情上就不会感到过分的紧张、惧怕、担心、委屈。"而只有这样的教师才算得上是一个称职的教师。

（二）创设问题情境，引导学生发现、探究

学生学习知识的过程是接受的过程，更是发现的过程、创造的过程。但是，怎样才能唤起学生心灵深处的发现欲望呢？创设"问题情境"就不失为一个好办法。朱熹认为："读书始读，未知有疑，其次则渐渐有疑，中则节节有疑，过了这一番，疑渐渐释，以至融会贯通，都无所疑，方始是学。"可以说，教学活动就是围绕问题寻求答案的探索过程。保护和发展学生的问题意识、进行问题式教学，是让学生掌握知识，培养学生创造力和创造精神的基础所在。有问题虽然不一定有创造，但没有问题就一定没有创造。而好的问题情境，更能起到一石激起千层浪的作用。它能点燃学生学习的灵感和热情，

为解决某些问题进行必要的对话和讨论，这种探求新知的方式有助于探究能力和创新能力的培养。在教学过程中，要求教师必须从每段以若干提问分析情节的传统模式中跳出来，把课堂教学的时间和空间真正还给学生，使他们充分拥有自读自研、探索尝试、合作议论的自主权。

什么样的问题才是好问题呢？第一，提问的目的要明确，意图要清楚，使学生的思维直接或间接地指向教学目标。第二，提问确能启思激疑，引导学生由浅入深、由近及远、由此及彼地思索、探求，利于培养学生的探究精神和探究习惯。第三，问题的内容指向要明确，语言表述要清楚。第四，提问要具有适宜性。即发问要适时，与学生的思维同步，符合学生思维的规律。问题的难易要适度，问题太易，所要求的知识与学生已有的知识结构完全相同，凭记忆都可以解答。问题太难，学生又难以用已有的知识去同化新知识。二者都无益于问题情境的创设，难以激发学生的思维兴趣。如果问题所需要的知识与学生已有的知识结构有一定联系，但不一致，则利于学生集中注意力积极思考，运用旧知识学习新知识，即问题经过学生努力可以答出。所谓的"跳一跳，摘苹果"是为难易适度。有时候，可以让所提问题处于学生的"最近发展区"，介于学生自己实力所能达到的水平与经别人协助后所能达到的水平之间。即问题的难度稍大，但是在别人（老师或同学）的帮助下可以解决。这样让学生既习惯于自主独立解决问题，同时也乐于和别人合作学习。第五，所提问题要集中。传统语文教学的特点之一是提问的烦琐、细小和低效。一篇课文中每段必有三五个提问，教师借助学生简单的应答来做情节性分析。学生疲于奔命地跟着教师的提问跑，又哪里谈得上自主地研读发现、合作探索？要让学生享有充分的课堂教学时间和空间，可以充分弘扬各自的精神自由。这就要求必须把每堂课多达二三十个的烦琐提问，集中为几个对教材有较大覆盖面、对课文重难点又独具穿透力的研读专题。

（三）遵循学生认知心理过程，灵活安排教学过程

语文教学过程是一种特殊的认知过程，是学生在教师的引导下从外界获得信息的过程。受加涅学习的信息加工模式的影响，在我国有一种观点得到了大家的认同，那就是认知心理过程是由两方面所组成的：认知过程和认知调控过程。

从信息加工论的观点来看，认知过程就是文献信息的输入、监测、存贮、加工、输出和反馈的信息加工过程。在这个过程中，它要调动人的感知、注意、记忆、思维等各种心理因素（心理学称为智力因素），使它们处于高度的、积极的、紧张的状态，通过一系列智力活动，从文献中摄取知识、理解知识、巩固知识、运用知识，以致产生创造性成果。在认知过程中，各种心理活动处于不同的关系与联系之中，又各自发挥它们特有的作用，组成了学生对信息的认知过程。

认知的调控过程是指没有直接参加信息加工，但却决定着信息加工的策略和手段，对信息加工起调节控制作用的过程。它可分为执行调控和期望调控两种。"执行调控"主要是采取不同的认知策略和手段来影响感知、注意、记忆、思维等信息认知活动。例如，思维中采用发散思维和聚合思维两种认知策略，两种都可对思维活动进行执行控制。"期望调控"主要是指非认知的心理因素（动机、兴趣、意志、品质，心理学称之为非智力因素）对认知过程起影响作用的意向过程。它们对阅读的认知过程起着调节和支配作用，对信息加工的各个阶段都会发挥作用。意向过程的各种心理因素对认知过程的期望调控，体现了整个心理过程的统一性和主体意识的能动性，它们是实现认知过程的必要心理条件。

在设计和安排教学过程时，语文教师一方面对每个环节的安排应该由浅入深、由表及里，层层推进，与学生认知过程相吻合；另一方面还应采取有效措施，如一段精彩的导入、一个高质量的问题、文学性的语言、一段精彩的故事、多媒体的引入等，充分调动学生的非智力因素，对学生的认知心理进行有效调控。只要将学生的认知过程和调控过程很好地统一起来，对语文教学过程的优化就起到了关键作用。

（四）进行教学反思，完善教学过程

我国古时就有"吾日三省吾身""反求诸己""扪心自问"等强调反思意义的至理名言，这些是从修身养性的层面上来说的。从教学层面上来说，我国2000多年以前的《学记》就曾明确写道："是故学，然后知不足，教，然后知困。知不足，然后能自反也；知困，然后能自强也。故曰教学相长也。""知困"而后要"自强"，反思是不可忽视的环节。随着社会的发展与教育改革的不断深入，教学与反思已经结下了不解之缘。没有反思的教学，是僵化的、教条的、无生命力的死教学，必然会被社会淘汰。

语文教学过程流动性、生成性等特点，使教师在教学过程中难免有疏漏之处。最重要的是，教师要能够判断反思：教学方法的选择是否合理，是否进行了不恰当的课堂评价，课堂上有没有疏忽生成的资源或者这些资源有没有被充分地利用、拓展，在对学生的价值观的引导上是否有不妥等。反思"后续点"是随着教学活动的展开，老师和学生会从对方那里获得一些启示或突然产生某些灵感，从而让整个课堂有不少生成的亮点。对这样一些具有创造性的思维活动以及由此生发的结论，教师要捕捉住，在日后的实践中推广、完善，并以此为基石，拓宽教学的思路，提高预设的有效性。

可见，教学过程有自我反思有助于改造和提升教师的教学经验。没有经过反思的经验可能是狭隘的经验，意识性不够、系统性不强、理解不深透，它容易流于肤浅，甚至导致教师产生封闭的心态，无助于教师的专业成长。反思使原始的经验不断处于被审视、被修正、被强化、被否定的思维加工中，去粗存精、去伪存真，这样经验才会得到提炼、升华，从而形成一种开放性的系统和理性的力量，成为促进教师成长的有力杠杆。当然，

这是一个长期积累的、复杂的过程，但是经历了这样一个过程并且有所收益的教师在以后课堂教学中的失误会越来越少，驾驭课堂的能力会越来越强，对教学过程的处理也会更加顺畅。

第四节 语文教学过程的探索

一、语文教学过程的常式

所谓常式，就是常规的课堂结构模式。这是一般的教师在日常教学活动中经常采用的基本教学结构。以阅读教学为例，它既以课文内在结构的一般表现形式，又以学生认识课文的一般阅读程序为教学发展的主线。所谓课文内在结构的一般表现形式，指的是语文课的课文一般都是由字成句，由句成段，由段成篇，从字词到句段，到篇章，再到主旨的这种构成方式。所谓学生认识课文的一般阅读程序，也就是学生在阅读一篇（或一组）课文时，总是先认字词，再分段落，再理解课文内容和主旨，最后体会其写作特色的这种读文步骤。

由这种教学发展主线所构成的课堂结构反映的是由形式到内容的文章构成规律和由感知到理解的阅读认知规律。这种常规的语文教学课堂结构，从不同的视角可以概括为两种模式。第一种，从读文教学的视角看，就是：解题—交代时代背景—简介作者—正音辨字—划段分层、概括段意—分析课文—归纳中心思想—概括写作特点；第二种，从阅读认知的视角看，就是人们所熟悉的"四段教式"：感知性的预习—理解性的讲读—应用性的练习—巩固性的复习。上述两种阅读教学模式，作为课堂教学常式，客观上在我国的语文教学中发挥了重要作用，自然具有它存在的价值。如果一味地采用常规的语文教学结构，就会走向程式化倾向，不利于语文教学效率的提高。课堂结构是一个相对稳定的动态系统，任何课堂教学结构都不是一成不变的，任何课堂结构模式都不是万能的。语文教学过程的设计应该机动灵活，变通使用，不断创新。

二、语文教学过程的变式

语文教学过程的变式，是在常式基础上的变化和创新，对语文教学过程的常规模式进行变化，可以采取以下几种方式：

（一）改变读文序列

为了教学的需要，适当调整一篇课文阅读教学的序列。或者是调换教学步骤，把后面的步骤提前，把前面的步骤挪后。可以把正音释词放在前面讲；可以把时代背景放在课文分析时才介绍；可以先分析写作特点，再理解文章的思想内容；也可以先分析文章的中间段落或结尾，再学习文章的开头。如《纪念刘和珍君》一文，可以这样安排教学过程：先解题，由课文题目引导学生分析刘和珍的人物形象（善良、温和、上进、勇敢）；然后引导学生思考，这样美好的刘和珍为什么会被反动派虐杀，教师顺势介绍时代背景，引导学生深入理解课文，把握文章的中心思想；最后分析课文的艺术特色。

（二）增减教学步骤

适当增加或者减少本单元、本课题或本节课的某些教学步骤，使之更加适合教学需要，提高教学效益。就一篇课文的学习过程来说，其讲读步骤的多少是必须因文而异的。就一个单元或一个课题的教学过程而言，其教学环节的增减也应当因势利导。比如学导型课堂结构安排三步：自学尝试，质疑、问难—学导结合，深究细辨—解疑评析，消化运用；情境型课堂结构则安排四步：创设情境，激发兴趣—再现情境；引导自学—体会情境；朗读赏析—领悟情境；读写练习。只要教学需要，教师就可根据实际增减教学步骤。

（三）加强自学环节

重视和强调学生自学环节，已经成为我国学校教育中的一个重要趋势。在语文教学中把自学作为重要的乃至于首要的环节，将学和教有机地统一起来，对于打破传统的语文课堂结构模式来说，无疑是一个重要的变革，可谓大势所趋，人心所向。

（四）数管齐下

这是一种综合性的变革方式，既可以改变读文序列，又可以增减教学步骤，还可以加强自学环节。此类语文课堂结构近年来层出不穷，不胜枚举。如《药》就可以采取不同的教学结构。一位老师的教学过程如下：练习——把课文改写为两个故事，即华老栓的故事和夏瑜的故事；探讨两个故事各自的主题以及两个故事融合在一起的主题；比较两种主题，自然得出两条线索交融的作用。而另一位老师在教学时选用了研究性阅读教学模式进行教学，分为如下几步：第一，诵读课文，让学生整体感知课文，对课文有一个初步了解；第二，以四人小组为单位，交流对作品的初步感受，讨论并提出具体的研究课题；第三，各组交流初定的课题，对课题的价值进行论证，去伪存真，舍劣取优，全班取得一致意见——本文要解决的课题是通过对文学形象、技巧、语言的鉴赏，深刻理解作品的思想意义，感悟作者对现实和社会的深刻的洞察力，从而提高文学鉴赏力；

第四，各组拟定研究包括收集信息的范围和方式（课本内外），如何进行个人研究、小组合作等；第五，教师提供（或提示）部分参考资料，小组收集分析信息，进行探索，形成观点；第六，全班共同讨论研究所得，形成共同的或不同的观点；最后，老师作结，统一认识。这两种教学过程的安排实际上都包含了感知认读、理解分析、评价鉴赏的内容，由于做了变通使用，既突出了教学重点，又充分调动了学生的积极性和主动性，使整堂课充满了生机和活力。

语文课堂教学过程的常式是相对的，变式才是绝对的。因此，对于语文教师来说，课堂教学过程的设计不仅是一项复杂的创造性思维活动，而且是一项长期的经常性教学工作。只要坚持课文作者思路、教师讲课思路和学生学习思路这"三路"的融会贯通，坚持科学性、艺术性和技术性这"三性"的有机结合，在课堂结构设计的无限时空之中，我们一定可以有所发现、有所发明、有所创造、有所前进，从必然王国走向自由王国。

三、"主题教学"模式

"主题教学"是从生命的层次出发，用动态生成的观念，重新全面认识课堂教学，整体构建课堂教学。简单地说，它围绕一定的主题，充分重视个体经验，通过与多个文本的碰撞交融，在重过程的生成理解中，实现课程主题意义建构的一种开放性教学。这样，就将语文教材零碎散落的，甚至单一的内容统一起来。这样教学的特点是教学内容密度高、容量大、综合性强，学生所学习的知识是多方面的、立体的，如信息资源的获得，知识以及能力的掌握与提高，价值取向的生成，等等。

"主题教学"的主题是一种文化主题，用什么样的主题进行教学要根据学生的年龄特点来确定。"主题教学"的基本操作框架是：话题切入—探究文本—比较拓展—衔接生活—升华自我，同时，也指出这是个开放的框架。教师可以根据教材提供的主题单元，也可以依据自己建构的主题单元，挖掘主题内涵，结合相关语文知识灵活地规划、实施教学。

四、作文教学过程的思考

写作教学过程是语文教学过程中与阅读教学过程平行发展的另一教学流程。长期以来，人们对于阅读教学过程研究颇多，各种设计方案层出不穷，而对于写作教学过程，却少有人提及。更有甚者，甚至以阅读教学过程取代整个语文教学过程，写作教学过程成为阅读教学过程的附庸。

（一）作文教学过程的常式

以往，写作教学过程是怎样设计呢？周庆元先生总结归纳出下面三种模式：

第一种模式：命题—指导—批改—讲评。这是一种极为流行、极为普遍的作文教学过程模式。这种模式已经受到语文教学法理论界权威学者的批评：作文教学程序的研究者，历来多半把命题、指导、批改和讲评视为作文教学的四个阶段，这是不尽妥善的。第一，确定作文题目的方式，从来就不限于命题一种，况且，把命题当作唯一的方式，也正是导致烦琐审题的原因；第二，只把作文前的指导称为"指导"，反映了理解上的狭隘性，批改和讲评又何尝不是指导；第三，批改和讲评虽常常表现为两个教学步骤，但其性质、内容、原则，以至某些方式基本相同，可以有分有合地加以研究，不必完全分开。其实，这种模式还有一个重要的不妥之处，这就是它仅仅立足于教师的"教"，忽视了学生的"学"。命题、指导、批改、讲评，都是教师的工作，无法体现学生的主体活动，最多只能把它作为写作教学过程中教师的施教程序或教师的工作步骤。作为一种教学过程，写作教学同样是师生双向交流的相互活动，阐述教师和学生的相互作用不能限于教师活动或学生活动的单向片面描述。

第二种模式：观察、思考—构思、表达—修改。这种模式，正如设计者所指出的那样，只是学生进行书面表达的一般过程。也就是说，只是一个学生写作过程，而不是体现师生双边活动的写作教学过程。也就不能把它称为写作教学过程设计的一种模式。

第三种模式："作文前指导—作文后指导"或"作文前指导—作文中指导—作文后指导"。这种模式把写作教学过程中学生和教师的活动分别概括为"作文"和"指导"，努力反映一个教学过程中师生双边活动的"相互联系"，并且按照作文教学的时间演进划分为前后两个阶段或者前中后三个阶段。这种概括，显然比前面两个模式前进了一大步。遗憾的是，在这两个或者三个教学阶段中，无法显示出师生活动的特点来。由此看来，语文教学中写作教学过程的模式设计和理论研究还需要进行艰苦的探索。

（二）作文教学过程的思考

新课程改革之后，人们逐渐重视作文教学，提出了一些新的教学理念，如"绿色作文""个性化作文""开放作文"等，对作文教学的过程也在探索之中。对于作文教学过程的设计，以下几点值得注意：

1. 写作教学过程是传授学生写作知识同时培养其写作能力的过程

写作教学要重视给学生传授写作技法方面的知识，让他们通过教师的讲解、示范，知道如何去审题、立意和谋篇布局，知道如何去描写、抒情和议论，也知道如何使用象征、对比、欲扬先抑等手法。与此同时，老师也要重视写作基本能力：观察力、联想力、想象力、思维力、表达能力的培养和训练。比如，学生经常感叹无可写之材料，其主要原因在于观察欠缺，试想一个观察力低下的学生，怎样去发现生活中有价值的素材呢？写作能力是学生作文的"基本口粮"，只有当学生具备相当的写作能力时，写作才会易如反掌。现在写作教学有一种风气，那就是强化写作知识、写作技法的传授，淡化学生写作基本能力，尤其是写作创造能力的培养，造成了学生空有满腹写作理论，却缺少写作能力的支撑，严重阻碍了学生作文水平的提高。所以，教师在写作教学过程中一定要两手抓，既注重学生写作知识的传授，又注重写作能力的训练。

2. 确立学生在作文教学过程中的主体地位

学生是教学活动的中心，是学习活动不可替代的主体，这些早已形成共识。在具体的作文教学过程中，许多教师注重采用启发式、讨论式、探究式等教学方法，力图使学生的主体地位得以恢复。但是，在很大程度上，学生的这种主体地位的获得还是很被动，因为他们是在教师的启发诱导下完成学习的，有的教师制作的作文题目给学生发挥的空间极小，有的教师甚至要求学生按照固定的结构和模式完成作文，教师是作文唯一的评价主体，评改作文的方式单一，学生学习的主动性、自觉性没有真正充分发挥出来。学生的作文应是生活的沉淀，情感的宣泄，心灵的告白，伴随写作流程始终的也应该是精神的愉悦。教师不应该给学生太多的题材、体裁和主题的限制，应引导学生从生活实际出发，从文章内容的实际出发，拓宽思路倾诉真情，用我手写我心。教师还要让学生充分认识自己的写作水平，学会自己制订学习目标，明白各个阶段学习的任务，根据自己的情况找到努力的方向，充分意识到自己是作文的主人。这样他就会积极主动地作文，对作文投入极大的热情，主动思考自己作文中存在的问题，并能在学习过程中监控自己的学习行为，随时调整自己的学习方法。

3. 写作教学要注重学生的积累

写作教学要注意积累语言材料、生活材料、思想材料，这是写作的源头活水。所谓"厚积薄发"就有这层意思。这一点，是叶圣陶先生一贯强调的："通常作文，胸中先有一腔积蓄，临到执笔，拿出来就是，是很自然的，写一篇东西乃至一部大著作虽然是一段时间的事，但大部分是平时积累的表现。平时的积累怎样，写作时候的努力怎样，两项相加，决定写成的东西怎样。"学生写作的这种积累，大部分是在教师指导下有计划有目的地积累，比如通过日常分析文章写作特点学习写作技巧，通过讲读课文、抄写词句、背诵诗文积累语言材料，通过平日的生活观察、课外活动以及有组织的参观、访问、游历等积累生活素材。应该把教学中的这种积累看作是写作教学的第一阶段，是学生写作的准备阶段。它凭借人的感觉器官，属于学生写作心理过程的感知阶段。既是认识过程中的实践（或感性认识），也是信息的吸收和储存。

第四章 语文教学设计的实施

第一节 语文教学设计的基本流程

语文教学设计是运用系统的方法对各种课程资源进行有机整合，对教学过程中相互联系的各个部分做出整体协调安排的一种构想，因此它是一个复杂的动态过程。这里我们以一篇课文为单位，介绍一下语文教学设计的基本流程。

一、分析处理教材

教材是教学的凭借和依据，所以语文教学设计的第一步是从教学的角度分析处理教材。

（一）熟悉教材体系

语文教材的体系是深寓于表面上互不联系的单篇文章或单元组合之中的，认识和掌握有一定难度，因此，能否准确把握教材体系是决定教学成败的关键。无论使用哪种版本的语文教材，在进行一篇课文的教学设计时，首先要熟悉它的教材体系，即了解整个教材的基本内容、知识体系、结构特点以及各部分知识之间的内在联系和逻辑关系，搞清楚教材内容是怎样循序渐进地加以组织的。只有全面熟悉教材，教学设计时才能够整合内容、目标明确、前后照应。

（二）掌握单元信息

语文教材的基本结构形式是单元组合，因此，要在熟悉教材体系的基础上，对这篇课文所处的单元进行深入研究。

（三）解读文本，确定教学内容

"文本"就是指包含丰富教学信息的，可供学生、教师与之对话的阅读材料的总和。教学中的"文本"呈现形式，可以是由语言文字构成，如一篇课文、一段文字或一句话，也可以是课文中的有关插图。教师首先要对文本有自己的感悟、体验，才能引领学生去感悟、体验，才能与学生展开平等的对话，文本解读是否精准直接决定教学的成败。所以教师要踏踏实实地细读文本，并对文本进行加工，将文本内容转化为教学内容。

1.三重身份解读文本

教师解读文本具有一定的特殊性。其一，它是为了指导学生的学习而进行的阅读，这就要求教师要学会换位思考，不仅自己要读懂，还要考虑如何让自己的教学对象——学生读懂；其二，教师要把自己的阅读思路转化为指导学生阅读的思路，把自己的阅读行为转化为课堂上的导读行为。

因此，教师应以三重身份去解读文本。首先，教师要以普通读者的身份去阅读文本，最好暂时忘记教师身份、教学任务，而是以一个普通读者的心态来放松地欣赏作品，获得自然的阅读体验和真实的审美直觉，并总结自己的个性化体会；其次，教师要站在学生的角度去阅读文本，揣摩学生可能会读到哪个层面、会产生哪些感受体验、会存在哪些阅读障碍；最后，以教师的身份阅读文本，结合单元提示、课文特点、思考练习等信息，通过精简、补充、调整、联系等方式确定教学的主要内容。

2.细读文本

建议教师结合三重身份，按照以下步骤来细读文本。

第一步,初读课文,掌握全貌,疏通文字;第二步,逐节细读,理解内容,抓好重点词句;第三步,划分大段,厘清思路和布局谋篇;第四步,统观全文,了解意图,抓住中心;第五步,结合实际,确定重难点;第六步,整理自己个性化阅读的感受和体验。

在这六个步骤中，有两件事必须要做而又常常被忽略。第一，要备读课文。在备课的时候，教师要反复朗读课文，朗读课文的过程，也是进一步理解课文的过程，书读百遍，其义自现。同时，教师备读课文也是为了正确指导学生朗读课文。第二，做好课后练习的答案。许多课后练习等于是在提示教学重难点，甚至经过整理可以形成一个教学提纲。有了正确的答案以后，教师才能够在为学生解答时，及时肯定他们正确的方面，指出他们不足的地方，启发学生用正确的方法沿着正确的方向去探索，才能够做出正确的小结和归纳；开放性题目更要精心预备学生可能的提问。

（四）整合教学资源

《新课程标准》指出："语文教师应高度重视课程资源的开发与利用。"对于具体的教学内容来说，我们应该整合一切可以利用的教学资源，为教学服务。

对于一篇课文而言，可整合的教学资源主要有以下三个方面：

第一，与文本相关的资料：作家、文本的相关创作资料；与文本相关的评论；常与文本相比较的其他文本；由文本作品改编的影视、戏剧、戏曲等；与文本相关的自然风光、文物古迹、风俗民情等。

第二，与文本教学相关的资料：教师参考书；优秀教学设计、课件、教学视频。

第三，其他资源：学情、教学设施等。

在整合教学资源的过程中应注意：以教材、教参为主，但要突破限制，弥补缺陷；注意资源的筛取、选用；因时因地因人制宜。

二、分析学情

准确的学情分析可以增强教学设计的针对性，有利于教师选择合适的教学内容和教学方式，有利于节约课堂教学时间以及提高单位时间的教学效率。可以说，分析学情是教学设计的起点和落脚点。

教学设计前进行的学情分析包括：第一，了解学生的知识准备，即已经知道了什么，如字词知识、文体知识、阅读知识、语言知识、与课文内容相关的其他学科知识；第二，了解学生的技能准备，即已经会了什么，如阅读技能、写作技能、收集处理信息的技能等；第三，了解学生的认知特点；第四，了解学生的学习要求，如学生希望老师教什么、采取什么样的教学方法等。

常用的了解学情的方法有：作业批改；提问；课前谈话；诊断性测验。

三、设定教学目标

"教学目标"是指教学活动实施的方向和预期达成的结果，是一切教学活动的出发点和最终归宿。教学目标是课堂教学的灵魂，高效的课堂教学从目标设计开始。教学目标的科学确定，可以为执教者选择教材内容、教学方法、教学手段及科学评价教学效果提供基本依据，也可以为学习者提供明确的学习方向。

（一）制定教学目标的原则

1.教学目标设定要全面

所谓的全面就是要体现"三个维度"的统一。在教学目标的设定上，"知识和能力"属教学目标的基本层面，是语文学习的基础，是考量教学效果的主要显性因素；"过程和方法"内隐于时间和思维之中，是语文学习的载体；"情感态度和价值观"则是深层的、间接的、动机性的，是看不见的，它是语文学习的动力，也是人的发展所必需的。教学过程中不能简单地把内容与目标一一对应，将"三个维度"割裂开来，而是要在解读文本的基础上，有所侧重地落实"三个维度"的目标，使其既互相渗透又融为一体。

2. 教学目标设定要合理

教学目标定位应不偏不倚，植根于文本，不拔高、不牵强、数量适宜。不偏不倚就是目标应该既不偏离语文的学科特色，也不超出单元教学目标的范围。植根于文本就是目标应该具体详细、体现文本特征，而不是放在任何一篇课文中都可以用的空洞陈述。不拔高就是目标要充分考虑学生的实际情况，是学生经过学习努力能够达到的，而不是遥不可及的空中楼阁。不牵强就是目标设定中不要强加一些政治说教、道德审判等。数量适宜就是一篇课文的教学数量应该控制在一个合理的范围之内，目标太多会显得重点不突出，教学中常常会顾此失彼；目标太少会造成教学内容单薄，教学低效。

3. 教学目标设定要灵活

进行教学设计时，不能把教学目标定得太窄、太死，要具有灵活性；在教学中也要随机调整，甚至让学生参与到确定的教学目标中来，要充分考虑学生原有的基础和学习过程中实际需要的变化，注意教学目标的生成性。

4. 教学目标设定要有层次性

教学目标既要符合新《课程标准》要求，又要符合学生实际，还要考虑学生的差别，应设定层次性目标。要依据教材内容和学生个体差异，按由低到高、由浅入深、由单一到综合的顺序，安排教师教学和学生活动的层次。

（二）确定教学目标的依据

确定教学目标的依据主要有五个方面：课程标准、单元提示、学情分析、课文主要特点、课后练习。

课程标准（主要是相应的阶段目标以及教学实施建议）以及单元提示（交代了该单元的学习要求）是教学目标确定的基础和参考，教学目标可谓二者的分解和细化；学情分析能够增强教学目标的针对性；课文主要特点有利于把握编者意图，顺着编者思路去设计教学目标；课后练习则提示教学目标的侧重点。

四、设计教学过程

这里所说的教学过程是语文课堂教学实施过程，即通过教师的引导和学生的学习，共同努力以达到教学目标的过程。

（一）教学过程的基本要素

教学过程是一个科学的系统，而系统是由要素构成的，要素间的相互联系会产生系统的整体功能。关于教学过程中的基本要素，观点很多，我们认为主要有四个要素：

1. 教师

教师是教学的主导，必须根据一定的教学目标，组织教学活动，引导、点拨学生，协调教学内容、学生等因素及其关系。

2. 学生

学生是学习的主体。在"教"与"学"的矛盾中，矛盾的主要方面是"学"，即学生的"学"是教学中的关键问题，学生的"学"是教师"教"的出发点和归宿，学生的学习情况与学习效果是检验教师"教"的主要依据。所以，教师的"教"应围绕学生的"学"展开。

3. 教学内容

教学内容是学生学习的对象。教学内容包括科学事实、基本概念、基本原理、基本方法和基本技能，这些教学内容在教学过程中，必须以一定的清晰明确的知识结构的形式传授给学生。

4. 教学媒介

教学媒介就是教师进行教学时所采用的各种凭借手段，包括教学方法（如诵读法、合作讨论法等）和教学手段（如图片、实物、多媒体等）。教学媒介将教师、学生、教学内容紧密结合在一起。

设计教学过程，就是要将课堂教学过程中的各个要素有机地结合起来，实现最优组合，发挥最佳的教学功能。

（二）教学过程设计的要求

1. 教学思路清晰简明

教学思路就是教学过程的思维走向，是隐性的，它表现出来，就是教学的步骤、层次。

教学思路首先要清晰，清晰的教学思路能够表现出教学过程中步与步、层与层之间关系的合理性，并且符合学生学习语文的规律；教学思路还要简明，简单明晰的教学思路既便于操作，又显现出教学的层次之美。但越是比较简明的思路越是难以设计，这是因为教师常常在众多的教学内容面前无所适从，所以应该避免教学步骤过于细碎。

2. 教学重点、教学难点突出

教学重点是依据教学目标，在对教材进行科学分析的基础上而确定的最基本、最核心的教学内容。教学难点是指学生不易理解的知识或不易掌握的技能技巧。重点不一定是难点；也有些内容既是难点又是重点。教学重点和教学难点都是依据课程标准、教材内容、学情等确定的。教学重点、难点的突破是一节课必须达到的目标，也是教学设计的重要内容。

3. 教学环节安排合理

教学环节就是教学过程中具体的步骤，语文课的教学环节一般可分为"导入新课—讲授新课（又称'主题探究'）—强化巩固—总结拓展"几个部分。教学环节的设置要求内容充实精要，适合学生的理解水平；层次与结构合理，过渡自然，步骤清晰，便于操作；能够理论联系实际，注重教学互动，启发学生思考，培养学生分析问题、解决问题的能力。

4. 教学方法与教学手段选用恰当

在每个具体的教学环节设计中要考虑教学方法和教学手段的选用，即明确：选用什么教学方法和教学手段、什么时机用、怎样用。教学方法和教学手段繁多，并无定法、贵在得法。

五、实施教学评价

教学评价就是对照原先确定的教学目标，测量、诊断与评价每一位学生是否达到既定的教学目标，并以此作为修改教学设计的依据。教学评价一般分成两个阶段：

第一阶段，评价学生的学业。教师能够利用提问、活动观察、态度表现等对学生的学习进行过程性评价，并及时利用评价结果对学生进行表扬和鼓励，提高学习兴趣，促进学生学习进步；能够选择题目或命题，以考查学生学习的效果。

第二阶段，教学反思。教师应能够结合学科教学要求和教学目标，对课堂教学进行自我评价；根据学生的表现，分析自己的教学设计和教学实施过程的成败，并能够根据反思结果修改教学设计、改进教学策略，从而提高语文教学效果。

教学设计完成之后，一定要整理形成书面教案。因为光在脑海里想只是个模糊的概念，只有形成准确的文字才会使整个教学设计系统化、条理化、清晰化，才能发现问题、及时修正补充。另外，在进行教学反思的时候有教案才有凭据可依，有利于对比反思。

以上是语文教学设计的基本流程，其中有些步骤可以同步完成，比如分析教学内容时也可以分析学情、设定教学目标时也可以理出大致的教学思路。所以在实践中可以灵活处理，并不一定要严格按照上述顺序操作。

第二节 语文教学环节关键因素的设计

教学环节是教学过程中的具体步骤，它是教材分析、学情分析、教学目标设定等前期准备在教学过程的具体体现，因此教学环节的设计十分重要。这里介绍教学环节中几个关键因素的设计要求。

一、导入设计

"导入"是指上课开始时教师为了进入本堂课学习内容而采取的教学行为；因以话语讲述的形式为主，所以又被称为"导语"。导入通常是一个独立的教学环节，并且是课堂教学中的第一个环节。

（一）导入的作用

1. 吸引学生的注意

任何学习活动都开始于学习者的注意，注意是一扇门，吸引学生进入课堂教学。因此导入就是为了吸引学生的注意，让他们把注意力集中到课堂教学中来。既然要吸引学生注意，导语设计就应该唤起学生的情绪反应，使他们产生新奇感、惊异感，注意力很快集中到课堂上来，不至于分心。

2. 激发学生学习的兴趣

只把学生的注意力吸引过来是不够的，导入还要尽量保持学生的这种注意力，也就是激发起学生学习的兴趣，因为学习兴趣能够促使学生去主动学习，主动学习就能够保持这种注意力。

3. 提示教学内容

导入能够紧扣教学内容、围绕教学目的做相关提示，使学生在上课伊始就知道后面的学习究竟要学什么。

（二）导入的设计要求

1. 启发性

实践证明积极的思维活动是课堂教学成功的关键，教师若能用富有启发性的导入去启发学生的思维活动，便为学生顺利地理解新的学习内容创造了前提条件。为了达到启发的目的，导语的设计应注意给学生留下适当的想象余地，让学生能由此想到彼，由因想到果，由表想到里，由个别想到一般，收到启发思维的教学效果。

2. 针对性

具有针对性的导入能满足学生的听课需要，帮助实现课堂教学的既定目标。导入在针对性上主要体现在两个方面：一是要针对教学内容而设计，使之建立在与所授内容的内在联系的基础上，应服从于一堂课的整体，而不能游离于教学内容之外。二是要针对学生的年龄特点、心理状态、知识能力基础、爱好兴趣的差异程度。比如小学一、二年级，最好多从讲故事、寓言、猜谜语、做游戏入手，而中学生多从联想类比、启发谈话、设置疑难等入手。

3. 简洁

莎士比亚说："简洁是智慧的灵魂，冗长是肤浅的藻饰。"因此，要精心设计导入，力争用最少的话语，最短的时间（一般控制在三分钟以内），迅速而巧妙地缩短师生间的距离以及学生与教材的距离，最大限度地提高课堂教学效果。

4. 求实效

导入不管采取什么形式，都要吸引学生注意力、激发学习兴趣、提示教学内容，这样才能收到实效。有的老师没有认识到导入与主体教学之间不可分割的密切联系，仅仅把导入看成是一种必要的形式，所以常常为了导入而导入，出现了一些形式化的偏差，效果自然也不佳；还有的教师认为导入部分容易控制，容易一个人说了算，所以精心打造，电影、录像、音乐、诗歌、故事……十八般武艺齐上阵，可以说单就这几分钟而言，不可谓不精彩，但与整堂课相观照，反而有了"头重脚轻"的感觉，没有多大实效。

5. 趣味性

心理学研究表明：如果强迫学生学习，学生对所学的东西是不会保留在记忆里的；如果学生对所学的内容感兴趣，就会表现出主动、积极和自觉，学习时轻松愉快，不会造成心理上沉重的负担，学习效果自然会好。而有些教学内容本身比较枯燥，学生不感兴趣甚至敬而远之。这个时候通过一些趣味横生的导入，使他们对教学内容感兴趣，以最佳的心理状态投身到学习活动中，就能为整个课堂教学过程打下良好基础。

（三）常见导入设计方式

语文导入的方式很多，从形式的角度可以归纳为五种。

1. 以讲导入

讲授在语文课堂教学中使用频率最高，运用得最广泛，可以以讲授为主要方式进行导入，或讲述，或讲解，或讲演，或讲析。比如教学《短文两篇》时，教师讲述："今天我们开始学习初中阶段的第一篇文章《短文两篇》。《金黄的大斗笠》描绘了一幅风雨童趣图，画中充满生活的欢乐、纯真的童心；《散步》则选取生活的一角，通过几个细节，写了三代人之间的深沉的爱。两篇文章都是写家庭生活的温馨、和睦、关爱。下面，我们就开始学习这两篇短文。"通过教师的讲述，学生对《短文两篇》的基本内容有所了解，朴实生动的语言更能引起学生强烈的学习兴趣，导入新课十分自然、流畅。

2. 以读导入

阅读是最能体现语文学科特点的一种教学活动，用来导入也十分恰当，如吟诗诵词、朗读背诵、教师范读、学生默读。比如教学《夏天也是好天气》时，教师用充满感情、略显磁性的声音朗诵杨万里的七言绝句《晓出净慈寺送林子方》，朗诵把学生带入那种美丽的境界后，提问让学生辨别诗中所写的季节。接着讲述："我们今天也学习一篇写夏天的文章《夏天也是好天气》，作者素素，文章选自她的作品《走过四季·夏》。"教师通过诵读古诗将学生带入夏季的美丽境界，接着再顺利过渡到新课，使学生对课文的学习从内容到思想情感方面都充满期待。

3. 以议导入

好奇与喜欢探究事情的结果是学生共有的心理特征，利用这一心理特征，可激发学生的学习兴趣。但简单地提几个问题作为设疑导入，效果一般，若是提问设疑，引发学生讨论、评议，必定会事半功倍，比如在教学《爱莲说》一文时，教师先引导学生讨论：你对莲花有哪些了解？你喜爱莲花吗？你喜爱莲花的原因是什么？大部分学生讨论的结果，实质上已触及文章的中心。针对学生形形色色的答案，教师并不急于下结论，只是顺势引入课文："大家的分析都有一定道理，那么宋朝文学家周敦颐又是怎样评价莲花的呢？今天我们就学习他的《爱莲说》。"这种方法简洁明快，可使学生的思维迅速定向，在学生初步体会的基础上再导入新课，学生接受起来比较亲切、自然。

4. 以练导入

练习是对所学内容的巩固和提高，运用在导入环节一般是先做一道与新课有关的小型习题，温故知新，接着再顺势导入。比如，在教学《春》一文时，可先让学生做一道小练习：说出描写春天的诗句、成语。学生在回答练习中兴趣盎然，课堂也春意融融，导入课文也十分自然流畅。

5. 以看或听导入

在导入环节中，要求学生观察图画、模型或实物，观看录像、幻灯片，听音乐，调动学生的多种感官功能，创设情境，可以发挥较好的引导作用。如在讲授《背影》之前，可以先播放筷子兄弟演唱的《父亲》，并请学生反思父亲在日常生活中对自己的关爱，使学生一开始就沉浸在"父爱"的特定情境中；接着在音乐的伴奏声中播放课文录音，让学生再一次直观感受到有声教学带来的情感触动；然后进入文本，让学生用心去挖掘、体验、反思那份浓浓的亲情。随着感官功能的充分调动，学生也不知不觉地进入新课的情感氛围中。

不论是讲、读、议，还是看或听，都体现了语文的学科特点。各个导入类型不是孤立的，彼此之间存在着千丝万缕的联系。教师在导入的过程中往往要综合灵活运用多种方法才可以取得令人满意的效果。

二、结束设计

结束，顾名思义就是课堂教学将要结束时，教师引导学生对所学知识与技能进行及时的总结、巩固、扩展、延伸与迁移的教学活动。结束一般情况下也是一个独立的环节，并且是课堂教学中的最后一个环节。

（一）结束的作用

语文课堂教学中，绝大部分教师很重视课堂教学的导入设计，而对课堂的结束设计则重视不够。其实，如果把语文课堂教学过程比作一出戏剧，那么导入就是这出戏的序幕，结束则是这一出戏的压轴部分，虽然时间不长，却是语文课堂教学环节中一个不可缺少的重要组成部分。

不同的结束方式有不同的作用：通过总结梳理，帮助学生当堂消化、理解、巩固强化所学的内容；通过比较联系，引导学生温故而知新；通过拓展延伸，引导学生将目光延伸到课外、主动学习；等等。

（二）结束的设计要求

1.联系内容

结束是教学过程的一部分，所以结束的设计要从属于课堂内容的安排，要与课堂内容相关联，切忌离题万里、不着边际。

2.尊重主体

学生是学习的主体，结束的设计要与学生的认知背景有某种程度的契合，以学生的欣赏口味为标准，让学生受到启发、有所共鸣。

3.新颖有趣

在与课堂内容相关的前提下，尽可能做到形式新颖、方法独到，使每节课的结束语呈现不同的特点，让学生在课堂教学结束后仍兴趣不减，有依依不舍之感；力避千篇一律、缺少变化。

（三）常见结束设计方式

语文课堂结束的形式很多，常用的有这样几种基本形式。

1.归纳总结

这是语文教学最常见的结束形式。在教学结束时，引导学生对课堂所讲内容提纲挈领地进行概括、归纳、总结。比如老师讲《茶花赋》的结束："祖国如此伟大，人民精神如此优美，一朵花能容得下吗？能。为什么能？这是由于作者运用丰富的想象，进行巧妙的艺术构思，不断开阔读者的视野，由情入手，而景、而人、而理，水乳交融。茶花的含露乍开，形似新生一代鲜红的脸，让我们对未来充满无限希望。这三幅画各具特色，意境步步深化，十分传神……"这个结束把全文的艺术构思做了精美的小结，引人深思。

2. 首尾照应

教学结束时，与教学的起始阶段相呼应，形成环形结构，使整个教学过程浑然一体。如有位老师这样来结束《陋室铭》的教学："同学们，在上课伊始曾经问过大家这样一个问题——作者为什么对陋室情有独钟，并且以文言志呢？通过刚才的学习，我想我们可以回答这个问题了。作者通过对陋室的赞美，表达了不慕名利、不求闻达、安贫乐道的生活情趣。"这种结束常常与教学起始阶段所讨论的重点问题相呼应，能够加深学生对学习重点的理解和认知。

3. 朗读回味

教学结束时，师生通过朗读加深对课文的理解感受。如讲《岳阳楼记》一文时，可以这样结束："文章语言凝练，气象宏伟，音调铿锵，意境优美。现在，就让我们一起朗诵全文，去领会作者'不以物喜，不以己悲'的旷达胸襟和'先天下之忧而忧，后天下之乐而乐'的伟大抱负吧！"这种结束常常能激发学生的感情，加深对文章内容的理解，特别适合文字优美、感情丰富的文言课文、古今诗词、抒情散文等。

4. 比较拓展

教学结束时，将相关知识加以横向比较、引申拓展，加大信息量。有位老师在完成了课文《狼》的精讲之后问道："同学们，这一课的基本内容讲完了。提出一个问题，请同学们回答。你们小时候，大概都听过《狼外婆的故事》，还学过《东郭先生和狼》吧？今天我们又学了《狼》这篇课文，这三个故事中的'狼'在习性上有什么共同特点？"在学生们总结出"狡猾、伪装、凶狠、忘恩负义"之后，老师继续问："同学们总结得很准确。狼的确很狡猾，因此对狼这种动物的形容词都是一些贬义词，谁能说出一些成语来？"学生列举出了"狼心狗肺、狼狈为奸、狼狈逃窜"等成语。老师接着说："有一则谜语说：像狗不是狗，野地四处走，爱吃小动物，是个害人兽。指的是什么？""对，是指狼。从这则谜语中，我们可以看出狼的长相与狗相似，但由于性情不同，人们对待它们的态度也全然不同。请同学们在课下写一篇关于狗的故事。"这种举一反三的结果，增强了知识的连贯性、认知的深刻性。

5. 巩固练习

教学结束时，恰当地安排学生的实践活动，既可使学生的学习得到强化和运用，又可使课堂教学效果及时得到反馈，获得调整教案的信息。如《桃花源记》一文的一个学习重点是要掌握"妻子、交通、绝境、无论"几个古今异义词的古今意义，因此，在学生对课文内容理解清楚，能全文成诵后，教师可以设计练习题，让学生通过练习比较上述词的古今差异，从而准确、深刻地掌握学习重点。

三、问题设计

在语文课堂教学过程中，提问往往并不是一个独立的教学环节，但是几乎每个教学环节都会包含一个或若干个提问，可以说提问贯穿于整个语文课堂教学过程，所以问题设计也是语文教学环节设计中的关键性因素。

（一）提问的作用

1. 培养学生的思维能力

思维活动从问题开始，并在寻求问题的解答中深入和发展。教师提问一次，就给学生提供一次思考的机会。提问可以引导学生的思考方向，扩大思考角度，提高思考层次。

2. 培养学生的语言表达能力

语文课堂提问，为学生提供了一个发表自己意见的机会。学生在答问过程中，既展示、阐述了观点，又锻炼了语言表达能力。

3. 给学生提供互动、参与的机会

提问是课堂上的一种召唤、动员行为，是集体学习中引起互动的聚合力量。每个学生都是一个个体，既然身处同一个课堂，就是一个集体，是集体学习。提问可以使学生有机会表达观点、流露情感、锻炼表达；另外，能够促进人际活动，加强学生与班级其他成员的沟通。

4. 提供教学反馈信息，调整教学活动

通过教学提问活动，教师和学生可分别从中获得对各自有益的反馈信息，以作为进一步调整教与学活动的重要参考。教师可以通过提问，了解学生对知识的理解程度，检查学生对所教重点内容的掌握情况，寻求学生知识链条上的漏洞和产生错误的原因，全面掌握学生的个别差异和个性特点，反省自己教学中的不足或错误等；然后，再根据提问得到的反馈信息，灵活地调整后续的教学活动。同时，学生可以通过答问，从老师那里获取评价自己学习状态的反馈信息，在学习中不断审视自己，改进自己的学习态度、方法、习惯等，使自己后续的学习活动更富有成效。应该说教学提问提供给教师和学生的反馈信息，都是非常及时、准确、双向、有效的。

5. 维持课堂秩序，集中学生注意力

在课堂教学中，提问会使学生的注意力处于高度集中的状态，同时引发进一步探索

的动机，学生或独立思考，或相互讨论，使课堂教学秩序静中有动，动中有静，不至于太死板，也不至于失控。

（二）问题的设计要求

1.目标明确

课堂提问都是有内在意图的，或引起学生注意，或强调文章重点，或激发学生思考，而且都必须符合教学目标，设计时一定要清楚目标是什么，不能为了提问而提问。

2.难易适度

课堂提问要适合于学生的认识水平，把握问题的难易程度。过于容易的问题，学生不用动脑思考就能轻易答出，无法提高学生的思维能力；问题过难，学生望而生畏，会挫伤他们思考的积极性，甚至对提问产生畏惧、厌恶心理。所谓难易适度，就是教师提出的问题应是学生在未认真看书和深入思考之前不能回答，且班里大多数学生经过主观努力之后能够回答的，就是"跳起来能摘到的果子"。

如果有些难度较大的问题必须让学生掌握，可以用"总分式"或"阶梯式"提问的方法，形成难度坡度，循序渐进，逐步解决问题。比如在教学《草船借箭》一文时，向学生提出了"如何理解诸葛亮神机妙算"这样一个综合性、评价性很强的问题，学生难以作答是意料之中的。教师可以将其分解为几个小问题：①诸葛亮为什么主动立下军令状？②诸葛亮为什么请鲁肃帮忙而不请别人？③诸葛亮为什么把动手的时间选择在第二天四更？④诸葛亮为什么叫船上的军士一边擂鼓一边大声呐喊？这样，以知识、理解、应用和分析性问题铺路搭桥，就可以平缓坡度，核心问题便不攻自破了。

3.问题清晰

有些教师提出的问题大而无当、空泛笼统，经常问得学生莫名其妙，不知道到底要回答什么，结果就会出现乱答一气或冷场的尴尬局面。所以提问时不要盲目地开放提问范围，范围一定要明确清晰。

4.精心设立提问点

语文教学中不是所有的问题都需要用提问来进行教学的，课堂教学过程中如果过于依赖提问就会造成满堂问，不利于突出重点。把握好提问点是决定该问题质量的关键所在。

语文教学中的提问点主要有以下几种：一是课题处设疑。题目是窥视文章内容的窗口，也是学习课文内容的起点。二是重难点处设疑。三是看似矛盾处设疑。课文中有一些从表面看存在矛盾的地方，在这种看似矛盾的地方设立提问点，通过提问直接引进矛盾的对立面，激发怀疑的效果非常好，有利于激发学生的思维。四是疏漏处设疑。课文中有不少是经典之作，这些优秀作品的一个标点、一个词语，人物的一个细小动作、一句似乎无关紧要的话，往往都能体现出作者的匠心，蕴藏着深刻的含义。这些细枝末节对表现主题有密切关系，却容易被学生忽略，教师可以在这样的疏漏处设问质疑，启发学生探微发隐，加深对文章的理解。五是发散处设疑。发散处就是能引起学生联想、想象的地方。有的课文，像小说、戏剧、散文等有许多省略和空白，通过提问让学生对这些空白、省略进行想象，有利于锻炼他们的想象、联想能力。

5. 形式灵活

一是提问角度力求新颖。教学实践表明，同一个问题，提问角度不同，效果也不一样，因此应该回避一般化、概念化的套路，变换出新颖的角度。例如，导入课文后，有很多教师总喜欢就文章的内容和结构问：这篇课文可以分为几部分，每一部分的段落大意是什么？问得学生耳朵都快生茧子了。二是提问类型多样化。应结合教学内容和学生实际，注意使用多种类型的课堂提问方式，如正问、曲问、追问、比问等，使学生保持好奇心和兴趣来思考问题。

（三）常用问题设计方式

问题的形式很多，分类标准也不尽相同。

1. 按照提问要求回答的内容来分

（1）记忆型提问

要求学生用所记忆的知识照原样来回答。比如：《皇帝的新装》的作者是谁？

（2）了解型提问

主要是为了培养学生对所学内容感知的能力，为其深入理解打下基础。比如：《皇帝的新装》讲述了一个怎样的故事？

（3）理解型提问

要求学生在感知的基础上，通过分析、综合，抽象出规律性的认识，主要培养学生利用知识来理解文章的能力。比如：《皇帝的新装》这个童话可以分成几部分？每部分写什么？

（4）运用型提问

要求学生运用所学的知识来分析解决问题，从而把知识转化为技能。比如：《皇帝的新装》讽刺了什么样的人或社会现象？

（5）评析型提问

要求学生对文章（或全篇，或局部，或内容，或形式）进行欣赏、鉴别和评论。比如：你对欺诈这种社会现象有什么看法？

2. 按照提问的方法分

（1）直问和曲问

"直问"就是直截了当提出问题，一般用"是什么""怎么样""为什么"的形式表达。比如："年且九十"的"且"字是什么意思？"曲问"就是教师有意转变提问形式，即欲问甲问题而佯问乙问题，让学生在回答乙问题中求得甲问题的解答。比如：这个智叟是年轻人吗？（其实真正想问"叟"字的含义）

（2）正问和反问

"正问"就是教师从问题的正面设问。比如：怎样才能把记叙文写得生动、形象，做到以情动人呢？"反问"则是教师从问题的反面设问。比如：要想把文章写得生动形象，做到以情感人，我们要注意哪些问题呢？

（3）追问

"追问"是以某一个问题为起点，顺着第一个问题的思路逐层深入地追问下去，使问题得到全部解决。比如：《愚公移山》这个寓言一共写了几个人物？各个人物对移山的态度如何？你比较赞同哪种态度？愚公究竟愚不愚？

（4）比问

"比问"就是让学生比较，得出结论。比如：愚公与智叟比，到底谁更聪明？

3. 按照阅读教学进程分

（1）引读性提问

这类提问主要是用于阅读教学的起始。学生不一定对每一篇课文都感兴趣，这就有可能造成阅读起始阶段学生没有兴趣、注意力不集中。因此这一阶段借助设问置疑，能引发学生探索动机，所以称为"引读性提问"。这类提问应当引导学生从整体上去把握文章的内容，而不是设计一个个肢解课文的细小琐碎的问题。问题要有概括性，要有思考价值，而且要在阅读完课文之后才能回答，甚至有时阅读一遍后还不一定能找到准确的答案。比如《胡同文化》"许多来自五湖四海的游人走进北京城时，最感兴趣的不是鳞次栉比的高楼大厦，也不是四通八达的立交桥，而是曲折幽深的小小胡同。胡同，怎么会有如此大的魅力，吸引那么多人的目光呢？"这既引起了学生的兴趣，又紧扣文章内容。

（2）探索性提问

这类提问主要用在阅读教学地讲读过程中，是为了诱发学生深入分析、钻研课文，把学生思维引向深处。这类提问一定要紧紧围绕教学重点，层次和角度要多，设问的切口要小，挖掘要深。比如：教学《雷雨》一文时，就可以围绕"周朴园到底对鲁侍萍有没有感情"这个问题展开讨论，切入口很小，但围绕这个问题深入挖掘，关于戏剧冲突、社会背景、人物形象等问题都可以解决，起到"牵一发而动全身"的效果。

（3）发散性提问／想象性提问

这类提问主要用在阅读教学的讲读过程中或者结束阶段。这种问题的设计一定要根据课文，因为许多课文特别是文学作品，常常是文已尽而意未尽，或故意造成悬念而留下空白，教师据此可以提一些发散性的问题。比如《我的叔叔于勒》："假如于勒从南美发了大财回来，'我'的家人又会怎样对待他呢？"

（4）总结性提问

这类问题主要用于某一教学内容的结束阶段，主要是为了使学生的知识系统化和结构化，提高学生的综合分析能力和概括能力。比如：亲情单元结束，联系实际谈谈你的总体感受。

四、板书设计

板书是一种很重要的教学辅助手段，是教师为配合教学，简明扼要地在黑板上写出的文字或画出的图表。严格来说，板书并不是一个独立的教学环节，但却贯穿于整个教学过程，所以板书设计也是语文教学环节设计中的关键性因素。

（一）板书的作用

1. 显示教学内容，体现教学思路

板书是随着教学过程逐步完成的，所以它所显示的内容就是教学的内容，并且从整体上应该体现教师的教学思路和教学步骤；这样才能够对学生学习的思路进行指引。

2. 厘清文章脉络，突出重难点

如果是阅读教学，板书能够将作者的行文思路、文章的发展脉络等提纲挈领地展示给学生，并且特别突出教学中的重点和难点。这样有利于学生知识结构的定型。

3. 直观形象，便于理解记忆

板书是语文教学中最主要、最基本的直观教学手段，除了文字以外，线条、图形、表格等都能够加深印象，便于学生理解记忆。

4. 体现教师素质，培养良好书写习惯

漂亮的粉笔字、设计精巧的板书是教师创造性劳动和科学思维的结晶，它渗透着教师的知识、智力和教学艺术，融合着教师的教学理论和审美素养，它反映了教师备课组织教材和运用教材的能力，这些都体现了教师的素质。而这些对于培养学生热爱祖国的语言文字和良好的书写习惯也能起到潜移默化的作用。

（二）板书的设计要求

1. 精选板书内容

板书能够体现教学内容，但并不是所有的教学内容都能够进入板书，板书的内容应是教学内容的精华部分、重难点部分，主要包括以下几点：能够表现主题思想的词句；能够反映作品结构或作者思路的词句；能够表明事物和现象特征的词句；能够表达事物

本质和规律的词句；新出现的字、词、句；有价值的新知识；正音、正词。

2.目的明确，重点突出

教学中，教师在黑板上写的每一个字或者符号都会给学生传递一定的信息，所以板书必须具有明确的目的性，要从课文内容出发，根据教学目的和教学要点而板书，必须能够反映教学的重点或难点。

3.条理清晰，布局合理

"条理清晰"是指设计板书要有一定的内在逻辑，既要符合课文中作者思路发展的内在逻辑，又要符合课堂上教学进程发展的内在逻辑，还要符合学生理解课文内容的思维发展的内在逻辑。为了达到这一点，教师的教学思路一定要清晰，这样书写出来的板书才能脉络清楚，一目了然。

"布局合理"是指板书的外在表现形式也要整齐匀称、美观大方。一块黑板犹如一张长方形的纸，应有天头地脚之分，天头正中一般书写课文标题，然后从上而下、从左到右顺势展开，地脚一般不写。书写的内容有主次之分，所以黑板也分为主板和副板。主板：一节课的主要教学内容，长时间保留。副板（机动板）：整堂课的血肉，可以随时增添擦去，比如时代背景、作者简介、正音正字、补充添加、布置作业等。根据主板、副板的分配，常见的有两种板书布局：二分法、中心法。

4.简明醒目，形式灵活

"简明"是指板书内容应简练、概括、明确，以尽可能少的文字或符号涵盖较多的教学内容；"醒目"是指板书的文字大小和图示符号大小等都应该大小适中、工整规范。形式灵活是指板书不应该有固定的模式，应该根据教学的需要灵活设计。

（三）常见板书设计方式

语文板书的类型很多，常用的有以下几种：

1.提纲式板书

对文章内容经过分析和综合,用精要的语词形成能反映知识结构、重点和关键的提纲。其特点是高度概括地揭示文章内容、结构,给人以强烈的整体印象。

2.词语式板书

词语式板书是以课文中关键性词语为主组成的板书。这种板书有助于学生抓住课文的重要词语来理解课文，对丰富学生的词汇量，提高其表达能力很有帮助。

3.流程式板书

流程式板书是以教材提供的线索（时间、地点、事物、情感）为主，反映教学的主要内容，把教材的梗概一目了然地展现在学生面前，使学生对它的全貌有所了解。这种板书指导性强，对于复杂的过程能起到化繁为简的作用，便于记忆和回忆。

4. 对比式板书

对比式板书即采用左右或上下对称的格局设计板书，主要用于有对比或类比手法的课文。

五、学生活动设计

这里的学生活动是指在语文课堂教学中，学生在教师的安排引导下，利用多种多样的形式自主进行语文学习活动，提高语文实践能力。可见，学生活动设计安排直接关系到课堂教学的效果与学生语文实践能力的培养。在语文教学过程中，学生活动有时候成为一个独立的教学环节，有时候成为某个教学环节的主要组成部分。所以学生活动设计也是语文教学环节中的关键性因素。

（一）学生活动的作用

1. 发挥学生的主体性作用

语文课程改革要求教师把学生从传统的被动的受教育地位转变到主动的求知地位上来。在教学过程中，各种精心设计、合理安排的学生活动能够促使学生积极、主动地学习，充分发挥学生的主体性作用。

2. 发展学生的个性

活动和交往是学生个性形成与发展的基础，而语文课堂教学既是认识的过程又是活动的过程。精心设置的丰富多彩的活动能够为学生提供适合个性发展的条件，帮助学生挖掘潜力，使学生在学习、活动和交往中形成自由而和谐发展的个性。

3. 提高学生的语文素养

新《课程标准》指出："语文课程是实践性课程，应着重培养学生的语文实践能力，而培养这种能力的主要途径也应是语文实践。"因此，课堂教学过程中的活动能够提高学生的语文实践能力，进而提高学生的语文素养。

（二）活动的设计要求

1. 强调学生参与

既然是学生活动，自然十分强调学生的参与，重视的是学生的体验与感受。在设计时要以学生的兴趣和内在需要为基础，以主动探索为特征，以实现学生的语文能力的综合发展为目的，同时保证学生的参与面与参与程度。

2. 与教学内容、学情特征等相符

活动的选择与安排要充分考虑教学内容本身的特点和学生的实际情况。如在讲授诗歌时，可以考虑安排朗读、诵读活动，以读促学、以读促思；在小学低年级授课时，可

以适当安排一些与教学内容相关的游戏，以增强学习的趣味性。

3.注意活动的组织与控制

学生活动固然能调动学生的学习积极性和兴趣，但是学生（特别是小学低年级学生）活动起来（比如做游戏）容易忘乎所以，即使在课堂上，也会情不自禁地大呼小叫，走来窜去。若是班级人数较多，教师对课堂纪律更是难以控制。因此，教师在组织学生活动时，要充分发挥指导和调控作用，使学生做到动静有序，令行禁止。首先，在活动开始前教师要制定并交代清楚活动规则、评分标准和纪律要求；其次，教师也要积极参与学生活动，及时发现并解决问题，便于监控。这样，在活动过程中即使出现一些小插曲，教师也能有规可循，有则可守，较好地控制局面，从而达到活而不乱、活而有序的教学效果。

4.避免形式化

语文教学中，尤其是公开教学、比赛教学中，常常会看到学生在教师的指令、号召、鼓励下，浮光掠影地了解一下文章的大概内容，就匆匆忙忙地或朗读、诵读，或分组讨论，或角色表演，或拓展练习。课堂气氛倒是热热闹闹，但没有实质性内涵，缺乏学习应有的冷静与理智，效果也不得而知。因此，学生活动一定要避免形式主义，否则就像是在"作秀"，对于学生的学习并无益处。

（三）常见学生活动设计方式

目前，语文课堂教学中常用的学生活动方式有朗读、表演、分组讨论。

1.朗读

朗读是一种语文阅读方法、教学方法，同时也是一种学生活动形式。在语文课堂教学过程中，朗读可能是最能体现语文学科特点、最容易组织的一种学生活动形式了。在朗读活动设计时，教师应该关注以下几方面：首先，要依据学生的年龄、心理特征和教材的文体特征来判定是否需要选择朗读这种活动形式；其次，要结合文章的内容结构、教学思路来安排朗读活动，形成明确清晰的朗读训练序列；最后，朗读也要与默读等形式相结合。

2.表演

在语文教学中，让学生进行课堂表演，是促进其对课文进行全身心感受的有效手段。把抽象的语言文字转化为形象的表情身姿运动，提高的不仅是对课文的深入理解程度，而且还有学生整体的语文素质。所以，表演也是一种很好的学习方式和课堂活动。特别是让学生编、演课本剧，有助于培养学生的口头表达能力、表演能力及创新精神，还让课堂"活"起来。设计表演活动时要注意：一是选择适合表演、符合学生理解和表演水平的教学内容；二是表演前要给学生充分的读书、讨论、准备时间；三是表演后要有结合文本的评议、交流。

3. 分组合作讨论

新《课程标准》提出："积极倡导自主、合作、探究的学习方式。"在语文课堂教学过程中，这种学习方式常常以分组合作讨论的活动形式体现出来。教师可以按照以下要求来设计分组合作讨论活动。

（1）优选合作学习的内容

问题不要过深，也不要过浅，确实需要小组讨论解决的才拿出来讨论。

（2）精心组织合作活动

做好分组、分工工作。合作学习的目的是让每一个学生都参与其中，从而培养他们的合作意识和能力，这需要教师在开展小组合作学习时给学生以明确的分组和分工。分组应尽量做到不同程度、不同类型同学的平衡搭配。分工是让小组里的每个同学都有事情可做。

（3）及时参与指导

若老师完全游离于学生小组合作学习之外，对小组合作学习缺乏必要的指导，就会使少数活跃的、学习成绩好的学生成为活动的主角，而大多数学生，尤其是那些不爱表达、能力不足的学生，在无形中就丧失了思考、发言、表现的机会。

（4）认真总结评价讨论结果

学生小组讨论后，常常会出现这样的情形：教师对学生的讨论意见不做任何评价，一味地说好；不总结评价就使得问题没有完全解决。或者一些小组发表了与教师不一致的或出乎教师意料的看法，这时绝大多数教师只是简单地重复学生的意见，不做任何引导，就直接给出自己的看法，有的教师甚至答非所问、含糊其词，又绕到教参那里。这就使得精彩的小组讨论被教参的结论或老师的定论所代替。这样的合作学习，表面上是学生在集体中研究讨论，但本质上仍然是以教师为中心，以教师或教参的观点为标准答案，只不过从直接给出结论变成了先讨论再给结论而已。所以，对于小组讨论的结果，教师一定要有中肯的评价和总结。

第三节 语文教案的编写

教学设计是将教和学的原理转化成教学材料和教学活动方案的系统化过程，而教案就是这个过程中最重要的文字结果。教案是教师以课时或课题为单位，对教学内容、教学步骤、教学方法等进行具体设计和安排的一种实用性教学文书。

一、语文教案的内容格式

正所谓教无定法，语文教案也没有什么特别固定的格式，但是一般包括下面几方面的内容和步骤。

课题：说明本课名称。

教材分析：简要介绍本课的基本内容、特点、在单元教学中的作用和地位等。

学情分析：结合本课特点简要分析学生的学习基础、学习心理特征等。

教学目标：说明本课所要完成的教学任务。

课时：若是课题教案，说明包括几课时；若是课时教案，说明属第几课时。

教学重点：说明本课所必须解决的关键性问题。

教学难点：说明本课学习时易产生困难和障碍的知识传授与能力培养点。

教学方法：教师教的方法（教授法）和学生学的方法（学习方法）的统一。

教学手段：教学中用以辅助教学的工具。

教学过程：说明教学进行的内容、方法步骤。

作业处理：说明如何布置书面或口头作业。

板书设计：说明上课时准备写在黑板上的内容（主要是主板的内容）。

教学反思：教者对该堂课教后的感受及学生的收获、改进方法。

这里有几点需要说明：第一，课题、教学目标、课时、教学重点、教学难点、教学方法、教学过程、作业处理等是教案编写的必写内容；教材分析、学情分析、教学手段、板书设计、教学反思等可根据实际情况灵活取舍；还可酌情加上设计理念、教学策略、教学准备等内容。第二，教学重点和教学难点若一致，可以合并编写。第三，作业处理有时可包含在教学过程中，不一定要单独立项。第四，两课时或两课时以上的课题教案有两种编写方式：其一，每课时按照教案的完整内容格式编写，只针对本课时内容编写各要素；其二，整个课题按照教案的完整内容格式编写，只在"教学过程"部分区分课时内容，其余各要素内容不做区分。第五，阅读教学教案编写在内容格式方面要求较为严格，其他如写作教学、口语交际教学等的要求则比较宽松。

二、语文教案的分类

（一）按照教案的详略程度分类

详细教案。这种教案内容周详全面，其中教学过程的编写尤其仔细。不仅有教学环节的具体表述，对每一教学环节所需时间也要做大体安排；常有圈、点、横线、浪线、方框等标志重点内容，用不同颜色的笔书写关键词语；并且在教案稿右侧 1/3 处空出来专门写相应的板书内容，甚至连教学中要说的每一句话都写上去，几乎接近讲课稿。详细教案编写起来较费时间和精力，但便于系统记载教学内容，全面把握教学进程。新教师应当首先学会编写详案，这样做也是为了厚积薄发。

简明教案，又叫教学提要。这种教案文字精练，篇幅短小，只写出教学最基本的内容。如只用最概括的语词写出教学过程的主要环节。它是对详细教案的简化，编写时需要有较强的概括能力。简明教案虽短，但难于设计，上课时也难以把握，因而只适用于经验丰富的老教师。

（二）按照教案的表现形式分类

篇章式：以篇章的形式将教案的内容一一呈现，思路明确、结构清晰。

表格式：以图表的形式将教案的各要素一一呈现，直观清晰，如下表所示。表中的内容可以根据需要调整。

课堂教学教案

课题		授课班级		
上课时间		授课教师		
教学目标				
教学重点、难点				
教学方法				
教学手段				
教学过程				
教学环节	教师活动	学生活动	设计意图	时间
教学实践反思				

三、语文教案的表达规范

在编写语文教案时需要遵循一定的表达规范。

（一）教学目标

1.教学目标的分类表达

教学目标要求按照一定的标准分类表达,常用的有两种形式。第一,按照新《课程标准》提出的"三个维度"分成三方面,每方面再分若干条。这种分类表达的优势是内容全面、条理清晰;缺点是头绪层次繁多,且"三个维度"相互渗透密不可分,要完全剥离独立阐释,难度很大;并且很难用"四要素"来陈述。第二,按照教学内容分类,如语言文字方面、写作方法、主题情感等。这种分类表达的优势是通过整合化繁为简;缺点是容易遗漏。

2.教学目标陈述的四要素

教学目标陈述的四要素是:行为主体、行为动词、行为条件或情境、表现程度。

如：<u>学生</u>在<u>阅读理解的基础上</u>,<u>能准确地</u><u>复述</u>课文内容。

（行为主体） （行为条件） （表现程度） （行为动词）

行为主体应是学生,而不是教师。因为判断教学效益的直接依据是学生有无具体的进步,而不是教师是否完成任务。因此,语文教学目标陈述必须从学生的角度出发,行为主体必须是学生。尽管有时行为主体"学生"两字没有出现,但也必须是隐含着的。以往我们习惯采用"使学生……""提高学生……""培养学生……"等陈述方式,例如"培养学生修改自己作文的习惯""拓宽学生的知识面""提高学生的概括能力"等,都是不符合要求的,因为行为主体是教师,而不是学生。

行为动词应尽可能是可观察、可操作、可检验的。目标的行为动词应尽可能具有质和量的具体规定性,以便教学时把握和评价时适用。如"辨认、复述、判断、了解、理解"等。

行为条件或情境就是需要表明学生在什么情况下或什么范围内完成指定的学习活动,如"用所给的材料探究……""通过合作学习小组的讨论,制定……"等。

表现程度是指学生对目标所达到的表现水准,用以测量学生学习的结果所达到的程度。如"能准确无误地说出……""详细地写出……""客观正确地评价……"等表述中的状语部分,便是限定了目标水平的表现程度,以便检测。

（二）教学方法

教学方法主要是根据教学内容、学情等来确定的。关于教学方法的界定和分类历来说法不一,但是语文学科中广泛运用的常规教学方法还是比较统一的。这个常规的语文教学方法系统,主要是由讲授、诵读、议论、练习、观察五个大类的几十种具体教学方法构成的。

1. 讲授法

讲授是教师通过语言（主要是口头语言），向学生系统地传授知识、发展学生智能、陶冶学生性情的活动方式。讲授法是语文教学最基本的方法，既是传统的，又是现代的。包括以下具体的教学方法：讲述法、讲解法、评析法、串讲法、评点法。

2. 诵读法

诵读法是通过反复朗读，疏通文字，体会感情，理解内容，同时培养语感，积累语言材料，训练读书技巧，增强语言的感受力和记忆力，提高语文素养的一种方法。诵读法包括以下具体的教学方法：朗读法、背诵法、吟诵法。

3. 议论法

议论法是通过师生之间回答问题或展开讨论来完成语文教学任务的一种教学方法。议论法主要包括以下几种方法：提问法、问答法、讨论法。

4. 练习法

练习法即教师引导学生在完成口头作业和书面作业的过程中阅读和理解课文，从中获得知识，并把知识转化为技能和熟练技巧的一种教学方式。

5. 观察法

观察法，即教师指导学生运用自己的视听器官，直接感知客观事物，增强感性认识的直观教学方法。观察法大致包括以下具体方法：观摩法、演示法、参观法。

这个语文教学方法常规系统基本涵盖了语文课堂的常用教学方法，所以在选择和表述教学方法时，不需要再刻意地标新立异了。

（三）教学过程

教学过程是整个教案的重点，在整体表述时要注意与前面的教学目标、教学重点、教学难点、教学方法、教学手段等形成准确的呼应。

教学过程通过具体的教学环节呈现，所以要注意教学环节的撰写。在内容方面，每个教学环节都要说清楚具体的教学内容、教与学的双边活动安排、采用的教学方法和教学手段；在结构方面，注意各环节的逻辑顺序，注意大小环节的组合（大环节可用"一、二、……"标序，其下的小环节可用"1. 2. ……"标序）；在细节方面，可以标注每个教学环节预计的时间，以及需要配合板书的内容。

第五章 语文教学策略的选择与运用

在教学活动中，选择与运用恰当的教学策略是达到优化教学的重要前提，也是影响教学优化的重要因素，如果教学策略使用合适，往往能使教学起到事半功倍的效果。教学策略是教学设计中应给予高度重视的领域。有人曾比喻说，如果把教学设计的前两个环节，即确定教学目标和了解学生的初始特征当作医生弄清病理与诊断病情，那么教学策略的选择和制订就是"开处方对症下药了"。在这个意义上，教学策略的选择和制订是构成教学设计过程的中心环节。然而，目前教育理论界对教学策略的含义尚缺乏科学的审视，对其理解往往是仁者见仁，智者见智。同时，对教学策略的科学含义认识不清，也给选择合适的教学策略进行有效教学带来困难。本章将对教学策略的含义、分类以及如何针对不同的教学内容选择合适的教学策略等问题做初步探讨。

第一节 教学策略内涵

一、教学策略及相关概念的界定

（一）教学策略的含义

"策略"一词原是军事用语，意为"为了对付战斗中的敌人实施军事命令的技术与艺术"，20 世纪 70 年代引进教育教学领域。关于"教学策略"（instructional strategy）的含义，国内外学者各有不同的说法。1976 年，美国教育家史密斯对教学策略的概念进行了阐述。他提出以经验为基础的两种教学策略，即内容限制性策略和非内容限制性策略。内容限制性策略注重师生与教学内容的关系，非内容限制性策略则强调师生之间的关系。史密斯认为，这两种教学策略在教学过程中都很重要。加涅也对教学策略进行了深入的研究。他在 1985 年出版的《学校学习认知心理学》中指出，教学策略是指导教师如何改进自己的教学，指导学生如何改进自己的学习，以达到最佳效益。加涅认为教学策略分为教学管理策略和教学指导策略两大类，其中有效的教学管理策略包括教学活动井井有条、坚持教学常规等，教学指导策略则包括清晰明确的教学目标、及时有效的反馈和复习巩固必要的知识等。

我国"教学策略"这一术语的最早提出者是台湾的朱敬先教授。他在《教学心理学》一书中指出："教学心理学的发展新趋势是在系统探讨心理学理论与教育目标、教学策略、课程设计与教材间之交互影响，以刷新适用的教学方法。教师如何应用心理学知识于教学历程中，以形成更佳教学策略，已成为教学心理学最重要的课题。"虽然，在此书的具体内容中，并没有明确界定究竟什么是教学策略，也没有详细解释教学策略的内涵、外延等具体内容，但却旗帜鲜明地提出教学策略是教学心理学所应探讨的重点内容之一。

虽然目前"教学策略"这一术语已经在国内频繁使用，但尚未成为一个严格的理论概念，使用频繁与使用不规范现象并存。具体而言，至今未见有教学策略的比较确切的定义，使用者缺乏构成概念的必要共识。

（二）教学策略与教学方法、教学模式之间的关系

从目前有关教学策略的实际使用情况来看，教学策略多是与"教学方法""教学模式"同义的。例如，大家熟悉的"启发式教学法"，同时又被称为"启发式教学模式"，也有人称之为"发现的教学策略"，而布卢姆的"掌握学习"，既有人称之为"为掌握而教的教学策略"，也有人称之为"掌握学习的教学模式"。教学策略、教学方法和教学模式等概念的使用非常混乱，有必要对三者的关系从以下两个方面加以澄清。

1. 教学策略与教学方法的区分

教学方法是教学过程中教师和学生为实现教学目的、完成教学任务而采取的教与学相互作用的活动方式的总称。教学方法被视为教与学交互作用的方式，它暗含有教学的程序，特别是在更广泛的层次上把教学方法当成教学方式时，更是如此。虽然教学方法和教学策略均涉及具体的教学进行方式，但教学策略的外延比教学方法宽广，层次比教学方法高。教学方法在实际应用中，主要指更为详细具体的方式、手段和途径，操作性更强，属于"战术"的范畴；而教学策略则规定和支配教学目标、原则、方法、媒体、组织形式、手段等的选择和使用，属于"战略"的范畴。美国教育媒体和技术博士戴维·H 乔纳森（David H. Jonassen）形象地指出："一般地说，策略是制订计划、选择方法或进行有目的活动过程中的一系列决策。这一界定反映了策略往往表示整体计划的特征，如在棒球或篮球赛中，策略就是为赢得球赛而制订的整体计划。方法是实施策略过程中的各种具体战术。例如，在与一个篮球强队交手时，教练也许会采用拖延策略；在具体的

打法上，让队员采用边场进攻、区域防守、来回传球等战术。策略好比蓝图，提供的是目标而非具体的措施。同样地，教学策略是教学途径的总体描述，而不是关于教学内容组织安排顺序和呈现方式的具体说明。"可见，教学方法的选择和使用只是教学策略的一部分，教学策略包含对教学过程中其他相关资源的合理组织、调控和管理。教学策略并不等同于教学方法，掌握了大量的教学方法并不一定就具备了教学策略。

2. 教学策略与教学模式的区分

教学模式是指在一定的教育思想、教学理论和学习理论指导下的，在某种环境中展开的教学活动进程的稳定结构形式。教学活动进程的简称就是通常所说的"教学过程"。众所周知，在传统教学过程中包含教师、学生、教材三个要素。在现代化教学中，通常要运用多种教学媒体，所以还应增加"媒体"这一要素。这四个要素在教学过程中不是彼此孤立、互不相关地简单组合在一起，而是彼此相互联系、相互作用形成一个有机的整体。既然是有机的整体，就必定具有稳定的结构形式。由教学过程中的四个要素所形成的稳定的结构形式，就称之为"教学模式"。教学模式是教学理论和教学实践的桥梁，既是教学理论的应用，对教学实践起直接指导作用，又是教学实践的理论化、简约化概括，可以丰富和发展教学理论。教学策略和教学模式都反映了教学的某种程序。但是，所谓"模式"指的是"某种事物的标准形式"，既是标准形式，就具有稳定性，一经确定很少更改；所谓"策略"，其中就隐含了根据实际情况变化、调整的变通性。因此，教学策略是比较灵活的，可以根据实际情况对教学内容、方法、组织形式等进行补充、调整，包括对教学模式进行选择，甚至修订具体教学目标，使之更符合当时的情境，趋向于总体目标的达成。教学模式充其量只反映了教学策略静止的一面，换句话说，教学策略的建构是一个动态的过程。当然，在教学模式确定以后也有具体如何来教的策略，但我们认为这是教学策略下属的微观具体策略或者说是战术。

总的来说，目前国内外多数的看法认为教学策略是教学设计的有机组成部分，教学策略与教学设计是部分与整体的关系。在特定情况下，教学策略也包括对教学模式的选择。从可操作的层面来说，教学策略包括对教学过程、内容的安排和对教学方法、步骤、组织形式的选择。由于概念上的模糊不清往往会影响教学策略的操作性，教师也难以从中获得何时采用什么样的教学策略的信息。

二、教学策略的分类

随着教学策略概念的提出，关于教学策略类型的划分也成为人们研究的重要内容。美国教学设计专家戴维·梅里尔（M.D.Merrill）在1991年出版的《教育技术》一书中，曾明确提出教学策略的类型问题，指出不同类型的教学策略可以增进不同种类的知识和技能的学习，但没有就依据何种标准如何划分类型提出自己的观点。目前有关教学策略的分类主要有以下四种：

（一）依据教学因素的分类

教学策略均是以某个构成教学活动的主要因素为中心而形成其策略框架，然后围绕该中心将其他相关要素进行有机整合。例如，李康以广义教学策略中属于中心位置的主要因素的不同，主张把教学策略划分为方法型、内容型、方式型和任务型四类教学策略。

（二）依据教师行为的分类

即根据教师在课堂教学情境中的行为方式及其发挥的功能，把教师行为分为主要教学行为、辅助教学行为和课堂管理行为。相应地，根据教师行为，教学策略分为主要教学行为策略、辅助教学行为策略和课堂管理行为策略。

（三）依据学习结果性质的分类

学习结果按其性质不同大致分为两类，即"事实、规则与动作顺序"和"概念、模式与抽象理论"。为了获得不同性质的学习结果，需要不同的教学策略。据此，教学策略可分为直接教学策略、间接教学策略和提问策略。

（四）依据是否具有特殊性和个性化的分类

例如，教学策略可分为一般性教学策略和特殊性教学策略。一般性教学策略是一般情况下都要运用的用以解决一般性教学问题的策略，如教材呈现策略、课堂管理策略、教学评价策略、教学资源管理策略；特殊性教学策略是只有在特殊问题情境中运用或运用时具有个人特点的策略。

由此可见，教学策略可以从多个不同角度和侧面来分类。角度和标准不同，就会有不同的教学策略分类。抓住任一角度都有利弊，而且从不同角度分类，它们彼此之间虽有歧异，但亦有相互包容、相互重叠的现象。从根本上说，对教学策略分类本身并不是目的，目的在于更深刻地把握教学策略的实质，以便教师在设计和运用教学策略时注重自己的教学策略属于哪一环节、哪一层次、哪一类型，以便有的放矢更好地促进自己的教学。

三、教学内容的特点与教学策略的选择

由于语文教育界长期以来一直抱着"教学有法，教无定法"的理念，因而现实教学中许多语文教师对教学策略的选用往往十分随意，常常是跟着感觉走。皮连生主张"学

有定律，教有优法"。一旦教师完成了学习任务分析，"教学有法，教无定法"的理念就不能成立。因为学习的类型分得很细之后，可以选择的教学方法十分有限，一般只有一种或两种方法是最优的方法。在不同的学习过程中，需要教师采用不同的教学策略来促进学生的学习。语文知识的学习过程、语文动作技能的学习过程以及语文学习中的情感态度与价值观的学习过程，肯定是不同的，那么教师采用的教学策略也定然各异。没有一种教学策略是放之四海而皆准的。如果一堂课的某阶段的主要任务是传授陈述性知识，那么复述策略、精细加工策略、组织策略相结合就占主导作用；如果一堂课的某阶段的主要任务是着眼于发展学生的写字、朗读等动作技能，那么行为示范法和朗读教学法就可以作为基本的教学策略；如果考虑教材内容的特点在一堂课的某阶段应主要发展学生认识自我的情感态度与价值观，那么情境教学法、角色扮演法或户外教学法可以作为基本的教学策略。下面我们以语文的知识、动作技能及情感这三类不同的教学内容为例，具体探讨教学策略选择的适切性问题。

第二节　教授以知识为主的课堂内容

一、知识的分类

"知识"是一个非常普通、常用的术语，但人们对它的理解却存在很大的分歧。知识可以根据不同的标准进行分类。基于知识的认知观，现代心理学界普遍地将知识分为两大类：陈述性知识与程序性知识。

（一）陈述性知识

陈述性知识是回答"是什么"的知识，主要通过感觉、知觉、记忆等活动获得。陈述性知识是描述性的，其认知单位是命题，命题的表现形式是陈述。命题有真伪之分，或者说在描述世界时，命题的正确性有高低之分。因此，陈述性知识又称为描述性知识或命题性知识。在语文教学中，陈述性知识包括听说读写方法的知识、语言文字知识、文章知识、文学文化知识等。其中，语言文字知识包括音韵知识、汉字形体知识、词汇知识、语法知识、修辞知识等。文章知识主要包括文章背景知识、逻辑结构知识、文章意义知识、文章语境知识、语言表达知识等。文学文化知识主要包括作家作品介绍知识、文体类别知识、有关作品的内容知识（如人物、情节、环境描写、成语、典故、名句、意象）、典章制度知识、文化典籍知识等。例如，"《兰亭集序》是王羲之的作品""表达方式主要有记叙、描写、议论、抒情、说明"等直接表示判断的知识。陈述性知识即所有需要学生有意识地回忆出来的知识。检查陈述性知识的行为标准是看学生能否回答"是什么"的问题。

（二）程序性知识

程序性知识是关于如何做事的知识，通常体现为一系列要遵循的步骤或程序。程序性知识是回答"怎么办"的知识，属于思维活动的知识。程序性知识主要是说明性的，而不是描述性的。它最基本的认知单位通常采用具有一般形式的规则：目标→情景→行动。例如，如果你想写信（目标），而房间很暗（情景），那么你就必须开灯（行动）。规则无真假之分，因为规则并不是有关命题的阐述，而是对行动的规定或指示。在语文阅读领域中，程序性知识主要是指阅读鉴赏的基本技能与高级技能。

（三）二者的关系

我们应当注意陈述性知识和程序性知识之间既有区别又有密切的关系。陈述性知识和程序性知识是现代心理学区分出的两种重要知识类型，分别相应于"知什么"和"知如何"的知识，关于"结果"和关于"过程"的知识，认识世界和改造世界的知识。有了陈述性知识，我们可以认识、了解我们周围的世界是什么样的；有了程序性知识，我们可以作用于和改变我们周围的世界。陈述性知识的学习是程序性知识学习的基础。陈述性知识的获得，其实质就是学习者对符号、概念、命题等言语信息新知识与原有知识网络中的有关知识联系起来进行储存的过程。陈述性知识学习的关键是提供"线索"，使学习者能在以后成功地搜索并提取信息。程序性知识是在陈述性知识的学习过程中形成的。没有陈述性知识的习得、保持和提取，学生个体就无法习得程序性知识。

二、针对陈述性知识的教学

（一）陈述性知识的教学策略概述

陈述性知识教学的根本任务在于使学生将所学的各种符号、命题、事实、事件与客体的规律性有序地储存于长时记忆中，在需要运用时能够迅速、有效地提取出来。那么，教师如何才能达成这一目标呢？现代认知心理学研究认为，在教学过程中可运用如下策略提高学生对陈述性知识的获取、保持、提取和回忆。

1.复述策略

复述策略是重复与结果检验相结合的方法。对于这一策略，学习者都非常熟悉，不过多偏于狭义地理解为"一次又一次地反复"之意。运用复述策略应注意排除多余的、不必要的信息的干扰作用。造成遗忘的原因之一是短时记忆容量的有限性，在单位时间内短时记忆只能加工 5 ～ 9 个单元的信息项目，要使学习内容得以保持就必须使信息量保持在其阈限之内。另外，在运用复述策略时还应充分利用首因与近因效应。心理学研究发现，在对一系列学习材料进行学习的过程中，位于学习材料前端的内容和位于学习材料尾部的内容最容易记住，而位于中间位置的内容不容易记住。

2. 精细加工策略

精细加工策略是一种深加工策略，即将新知识与头脑中已有的知识联系起来，为新信息增加意义从而对学习材料做充实性的添加、构建和生成。常用的精加工策略包括谐音联想法、歌谣口诀法、联想法、关键词法、做笔记等。其中，做好笔记也是一种较好的精加工策略。它包括摘抄、评注、加标题、写节段概括语和结构提纲等。研究表明，学生做笔记不仅可以控制与优化自己的注意力，而且有助于发现知识的内在联系。因此，教师要培养学生做笔记的良好习惯，讲课时注意语速不宜过快，要有抑扬顿挫感。对复杂的内容要重复讲述，反复强调，并把讲课内容的结构、层次和重点清晰地、有条理地写在黑板上。

3. 组织策略

组织策略是根据学习材料本身的内在逻辑关系，将其建构成一个有序的、条理化的系统结构。应用组织策略可以对学习材料进行深入加工，进而促进对所学内容的理解和记忆。与精细加工策略相比，组织策略更侧重于对学习材料的内在联系的建构，更适用于那些需要深入理解与思考才能把握内在深层意义的学习材料。

由于组织策略与图形相关较高，常被称为图形组织者策略(以下简称"图形组织者")。美国心理学家斯腾伯格（R.J.Sternberg）曾指出，专家型教师的知识往往是以命题结构和图示的形式出现，这就比新手型教师的知识组织得更完整。例如，在讲授古诗词的课堂中，专家型教师会教授学生用画画的方式将古诗词的内容加以呈现，以方便记忆。

（二）案例呈现及分析——图形组织者

美国史密斯和雷根致力于研究教学系统中教学策略设计的问题。他们针对陈述性知识就指出了图形组织者的运用。在我国，特级教师魏书生的"知识树"其实也是运用了图形组织者。图形组织者是一种实用的可视化思维工具，它通过与智力相关的图形化符号来连接创建对知识的认知模式。通过可视化组织，图形组织者可以形成促进思维发展的引导框架和网络，将解决问题过程中的各种思维结构以直观、形象、清晰的结构图示表现出来，促使学生整合新旧知识，建构知识网络，浓缩知识结构。图形组织者以多种不同的形式展示：概念图、鱼骨图、思维导图、比较和对照图、流程图等。当使用图形组织者作为教学策略，教师在进行教学设计时，可以按照教学内容选择图形组织者的类别，将之与教学内容的组织模式相对应，同时采用不同的方法来使用图形组织者。例如，教师可以给学生已经完成的图形组织者做注释，用来强调关键问题和组织学生将要学习的内容；也可以让学生完成图形组织者，以帮助他们归类并且组织他们正在学习的内容。下面对各种图形组织者在教学中的运用进行具体说明。

1. 概念图

概念图是美国康乃尔大学教育心理学家诺瓦克（Novak）等根据奥苏伯尔的有意义学习理论而开发的。概念图包括概念、概念或命题之间的关系。它通常将某一主题不同级别的概念置于圆圈或方框之中，然后用连线将有关的概念连接起来。连线上标明两个概念之间的意义关系，概念图的结构通常包括节点、连线和连接词三部分。节点是置于圆圈或方框中的概念。连线表示概念间的联系。连线可以没有方向，也可以是单向或双向。位于连线上方的连接词反映了概念间的意义关系，层级结构是概念的展现方式。一般情况下，最概括、最一般的概念置于概念图的最上层，从属的概念安排在下层，有些概念图还会用连接词来连接位于不同分支上的概念。这称为交叉连接，是一种横向联系。

作为一种教与学的认知工具，概念图把知识高度浓缩，将各种概念及其关系以层状结构形式排列，清晰地揭示了意义建构学习的实质。目前，理想概念图的标准有以下三个方面：一是概念图间具有明确包容关系的层次结构，即概念图节点间的上下位关系要明确，一般上级概念包括下级概念。二是概念图间的逻辑关系可用适当的词或者词组标注。概念图节点之间的连接词要有准确的描述。三是概念图中，不同层级概念间的纵横关系联系清楚、明确。这一点也就是要明确同一层级概念间的联系以及不同层级概念间的联系。根据上述理想概念图的标准，概念图的设计与实现主要有如下几个步骤：选取领域、概念提取、确定知识点的层级关系、各知识点连接（上下级关系、同级关系）、修改完善概念图、生成概念图和反思评价。

2. 鱼骨图

鱼骨图是由日本管理大师石川馨（Ishikawa）发明的，可用以寻找、发现问题产生的根本原因，也称"因果图"。鱼骨图很像鱼的骨骼，通常呈现事物产生的原因及其结果，使人一目了然地了解事物的前因后果，把握事物发生、发展的规律。鱼骨图可以将抽象的文字转化成直观形象的图画形式，以关键字、关键词为主要节点，帮助学生浓缩文章内容，梳理文章写作思路。

在阅读教学中，用其架构学习框架，可辅助学生自主阅读；用其厘清事件的来龙去脉，可帮助突破阅读难点；用其显示文章的写作脉络，则有助于写法迁移。鱼骨图的作用与流程图相似，却又高于流程图，糅合层级图和概念图的特点。例如，在教学中，教师让学生说"这篇课文的主要内容是什么"，学生往往会把整篇课文复述下来或抓不到重点内容。

3. 思维导图

思维导图是英国"记忆之父"托尼·博赞（Tony Buzan）根据脑神经生理的学习互动模式创造的一种组织性思维工具。它是由一个中心词向周围发出有层次的分枝树状结构图形，运用线条、符号、词汇、图像、颜色、联想和想象，形成的具有高度组织性的图形。思维导图是对发散性思维的表达，其改进后的学习能力和清晰的思维方式会改善人的行为表现。思维导图具有以下四个基本特征：注意的焦点集中在中央图形上；主题的主干作为分支从中央图形向四周放射；分支由一个关键的图形或写在产生联想的线条上面的关键字构成；各分支成一个连接的接点结构。从本质上说，思维导图是以总分关系为框架，其关键的框架问题包括：这个内容的中心观点是什么？包含了哪些分支的观点？观点之间有什么联系？各观点的解释信息是什么？

（三）对图形组织者的评述

图形组织者是一种十分有效的教学策略。首先，在阅读中，学生可以通过许多途径读懂文章，而运用图形组织者，学生可以把理解重点放在整篇文章的结构上，在整体上把握全文，而不只是注重文中的语言知识点。这样对学生的写作也有很大的帮助。其次，图形组织者还是一种有效的复习旧知识加深理解力的必要途径。课后学生通过对所学内容的图形在大脑中的再现，可以对上课情景进行思维记忆，同时学生还可以就学习的内容创造自己的图形组织者，形成自己的独立的认知结构。最后，学生还可以通过图形组织者从不同的角度对信息进行加工，扩展对知识的领悟，从而发展自己的发散性思维。

然而，使用这一策略也有其局限性：教师要注意图形完成的难易程度，必须符合学生的接受力。教师在使用图形组织者时可参考下列应用途径：确定图形组织者图形所要用的信息，选择一个设计模式；记录主要想法与要点，展示想法间的相互关系；包括对整门课程、章节或单元进行展示的一个总结或综合信息；包括有助于对原始信息进行重建的信息；最后使用合适的连接线将图形组织者的各要素相连。同时，当让学生参与和使用图形组织者进行设计或学习时，可以参考以下指导：与学生讨论各种图形组织者的类型和用途；向学生展示图形组织者的实例与反例；给学生一个完整的图形组织者，让学生帮助教师来填写一个空白的图形；让学生以小组或独立形式来填写一个空白的图形组织者；为学生提供独立创建图形组织的机会，让他们设计自己的模式；让学生在班上展示自己的图形组织者，并解释为什么他们选择了这个特定的组织者模式。

三、针对程序性知识的教学

程序性知识通常采用一组有序的步骤，还包括运用标准确定何时何地运用程序的知识。程序性知识重在模仿与操作，掌握结果为自动化，下面分别介绍程序性知识教学常用的两种教学策略。

（一）直接教学策略

在教育心理学领域，直接教学策略（direct instruction）是与讨论法、发现法等间接教学策略相对应的一个概念。直接教学策略是指由教师直接介入或主动介入的教学方式，教师通过讲解和示范并结合学生的练习和反馈来教授概念和发展技能。从教学内容来说，直接教学策略比较适用于学习内容较具体、结构性较强的课程；而对较多涉及主观价值评估及个人见解偏好或知识技能前后之间联系松散的内容则效果不甚理想。直接教学策略是一种旨在帮助学生学习程序性技能的教学方法。程序性技能就是程序性知识。这些技能都有特定的解决步骤或程序，而且都要通过大量练习来达到熟练运用的水平。尽管不同研究者所描述的直接教学方式各不相同，但所设计的教学要素基本相同。

直接教学策略的第一步是引入与复习。教师以复习前一天的功课开始，先讨论学生的家庭作业，然后教师试图吸引学生的注意力，通过确定学习目标并强调本课的重要性来激发学习动机。第二步是讲述，使学生能用自己的工作记忆来处理这些消息，并且帮助学生将新信息与自己长时记忆中原有的信息联系起来。第三步是有指导的练习。在最初的讲述后，学生在教师的监控下进行练习，同时教师提供足够的"支持"力度以确保练习成功。第四步是独立练习。技能一旦达到自动化水平，学生的工作记忆负担就会减轻，转而专注于运用技能。此时，教师的支持逐渐减少，责任会慢慢转移至学生身上。应当注意，技能在最初执行时也许会比较缓慢，但会逐渐变得轻松而流畅。因此在这一阶段，教师的监控仍然十分重要。家庭作业是一种常见的独立练习，但要发挥其积极作用，应当将它与课堂作业相结合。

（二）间接教学策略

间接教学策略（indirect instruction）是一种以问题为载体，以探究为过程，以发现为结果的教学策略。间接教学策略主张学生参与观察、调研，从资料中推理或形成假设，在学生产生好奇心和兴趣的基础上，常常鼓励学生形成自己的看法或解决问题。当教师使用间接教学策略时，其角色从讲师或指挥者变成了促进者、支持者。教师负责创设学习环境，提供让学生参与学习的机会，在学生探究的过程中给予必要的指导等。间接教学策略通常用于教学具有建构性的知识，要求学生在所给材料的基础上进行分析、综合、归纳和总结，发现关系存在的方式。

间接教学策略一般包括以下基本步骤：

1. 预先提供有组织的教学材料

主要是指提供允许学生进行再组织的先行组织者和概念框架，以此来引导学生进行思考，使学生形成概念或把概念扩展为更高层次的抽象理论。

2. 用归纳和演绎的方式向学生提供概念运动（形成或拓展）的过程

归纳的方式即通过选择事物并概括出其共同的重要特征，以形成概念或范式。演绎的方式即把原理或原则运用到具体的例子中。通过这两种方式把学生的思维集中到探究较高层次的抽象理论上来。

3. 用事例或非事例

通过逐步展示一系列的事例来反映真实的世界，发现事物的重要特征，丰富事物概念的内涵等。

4. 用问题引导探究和发现的过程

用问题引导的目的是激发矛盾，使学生向更深层次的知识进行探索，拓展讨论的范围，或使学生具有责任感等。鼓励学生从自己的经历中寻找能够帮助其弄清事实真相的事例，通过画平行线、联想等方式帮助学生理解和加深记忆。

5. 让学生评价自己的学习结果并且给予必要的指导

用讨论的方式鼓励学生以批判性思维来思考问题，帮助学生检查自己选择的方法、判断解决问题的方式、制定预测和探求结论的方向等，以促进讨论成果的最大化。

第三节　教授以动作技能为主的课堂内容

从心理学的角度讲，学生在语文课上朗读、发音和书写的学习均属于动作技能的学习。现代教学论提倡"以学定教，以学促教"，故语文技能的教学策略设计要基于学生动作技能学习的规律。如何科学地认识不同技能学习的实质、特点、规律和影响因素等，并在其基础上选择合适的教学策略成了教师应关注的重点。

一、行为示范法

行为示范法是指向学生提供一个演示关键行为的榜样，然后给他们提供实践这些关键行为的机会。行为示范法的过程一般分为三步：第一步是介绍或演示，明确技能操作的关键行为，促使学生在观念上认识该技能。关键行为是指完成一项任务所必需的一组行为。教师可以通过录像演示这些关键行为及其顺序。有效的示范演示具有如下特征：①在演示人上，示范者应该对学生来说是可信的；②在演示内容上，能清楚展示关键行为，以及对关键行为的解释与说明，并进行恰当点评；③在演示方式上，多次播放每个关键行为，并提供正确与错误模式，向学生说明示范者采用的行为与关键行为之间的关系；④其他相关音乐和场景，不会干扰学习理解关键行为。第二步是练习与反馈。教师提供实践机会，包括将学生置于某些特殊情境，让学生演练并思考关键行为。在实践练习中，还应包括向学生提供反馈，向学生提供强化信息，以表彰他们执行的正确行为，并且可以告诉他们如何改进自己的行为。第三步是总结与分析，旨在通过对学习得失的总结，促进技能进一步迁移至其他学习环境。可以看出，技能学习不单是动作或技巧的学习，还涉及前提知识或观念的学习。

写字教学源远流长。早在商朝就有指导习字的教师，教学生在骨片、龟甲上学习契刻文字，如同今天教师叫小学生在纸上练字描红一样，有时还要手把手地教。西周时儿童要学习六书；秦汉后，儿童学习官家编纂的字体；及至明清，蒙童学字，便有了一整套的程序。具体而言：先扶手教字，继而描红写影本，而后临帖。临帖也有程序：先《九成宫醴泉铭》，后钟王法帖，即所谓"由贤入圣"。除书法蒙童外，汉以后官学还设立了书法艺术专业，如东汉灵帝光和元年，创立了艺术的专门学校"鸿都门学"。隋唐以后，官学中设立了书学，规定学生每日写一幅字。宋代书学，学习篆、草、隶三体，研读《说文》《尔雅》《方言》等文字专著。每类字体皆有所法，规定了考核标准。例如，以方圆肥瘦适中、锋藏画劲、气畅韵古、老而不枯为上等。明清以后，中央官学虽无书学的课程安排，但学生要兼学书法。又由于科举考试注重书法，因此学生每日必习字。通过对写字教学历史的回顾，我们可以看到古代的写字教学有如下特点：它既承担书法交际的任务，又承担书法艺术教育的任务，两者合为一体；古代强调和重视儿童书法艺术教育，书法在学校教育中占重要地位，这一点是目前学校所不能企及的；书法不仅是艺术教育，也是语文教育，即汉语文教育的一个重要组成部分。《全日制义务教育语文课程标准（2011年版）》对不同学段的书写技能的要求有别，但指向明确。例如，第一学段要求学生能按笔顺规则用硬笔写字。第二学段要求学生能用硬笔熟练地书写正楷字，做到规范、端正、整洁。用毛笔临摹正楷字帖。第三学段要求学生能用硬笔和毛笔书写楷书。第四学段要求学生学写规范、通行的行楷字，临摹名家书法。新《课程标准》在实施建议部分指出：每个学段都要指导学生写好汉字。要求学生写字姿势正确，指导学生掌握基本的书写技能，养成良好的书写习惯，提高书写质量。如何进行写字教学策略设计？基于心理学研究基础上的行为示范法是一种有理有据、方便可行的教学策略，可有效提高写字教学的效率。

一般来说，学生写字的学习要经历四个阶段：第一阶段是学习要素阶段。这个阶段学生初步感受写字的基本要求，怎样做、怎样放本子、字的组成要素及字的结构。第二阶段是能够感知字的整体，不是一笔一画照着写，而是在统观整个字的布局基础上进行书写。技能学习一般要通过示范，有了范例就便于学生模仿。模仿是初学者掌握动作技能所特有的一种学习形式。初学者只有模仿范例，才能使自己在认知、定向阶段形成的动作表象得到检验、校正、巩固并进一步充实。第三阶段是及时反馈，强化练习效果。通过反馈，学生可以知道自己的动作是否合乎要求以及练习的效果如何，从而纠正错误动作，巩固正确动作。反馈一般有两种：一是由肌肉和关节引起冲动的内在反馈，即动作感觉反馈；二是由视觉和听觉等感受器官提供的外来信息的外在反馈。初学者主要靠视觉、听觉提供的信息，当动作熟练后，主要靠动作感觉反馈。第四个阶段是书写达到自动化阶段。语文技能是自动化、完善了的动作方式。当语文技能形成时，一系列的动作是一个接一个地顺利而有效地实现的。例如，当我们准备写字时，意识中先想到的是怎样运笔，但为了完成写字活动的各种动作所必需的那些肌肉的收缩和放松的复杂的动作组合，通常意识不到，而是自动化地实现的。这种技能动作的"自动化"是在反复练习中，大脑皮层建立了巩固的动力定型的结果。

另外，语文技能和语文基础知识有着密切关系，语文技能是在掌握了一定的语文基础知识之后逐渐形成和发展起来的。有关的语文基础知识是语文技能形成的前提。初级水平的语文技能只要具有最基本的语文知识并经过一定的练习就可获得；高水平的技能则需要较丰富的知识经验，而且在其活动中基本动作已达到自动化水平。例如学生学会执笔、运笔，就具有低水平的写字技能，而书法家却具有高水平的写字技能。总之，书写练习是一个较长的过程，也是一个艰苦的过程。教师要在重视书写能力的基础上耐心帮助学生，仔细地讲解和示范，根据学生的具体情况给予个别的辅导，不能操之过急。

二、朗读教学法

朗读是一种语言艺术，即把视觉的文字语言艺术地转化为听觉的有声语言，通过有声语言再创造书面语言中的艺术形象，准确、鲜明、生动地反映思想内容，听众得到艺术享受或者更加清晰的信息。朗读教学法则是通过课文朗读，激起学生的学习兴趣，培养学生的朗读能力，从而达到对课文加深理解的教学策略。朗读教学法是语文课堂中必不可少的一种教学策略，它历久弥新，即使是在提倡教学改革、新的教学策略层出不穷的今天，朗读教学法的基础性地位也是不容动摇的。朗读教学法的过程一般分为三步：第一步是了解性朗读，目的是了解熟悉课文内容，正字正音。第二步是在理解课文的基础上进行理解性朗读。如可以教师启发、师生讨论关于总的基调、每一段朗读的速度、语气、重读强调等的处理。第三步是进行想象性表情朗读，也可称之为欣赏性朗读。通过启发指导,学生会对文中的内容及作者感情有更深切的感受和认识,能读出文章的韵味。

《全日制义务教育语文课程标准(2011年版)》中要求朗读教学的目标最终要达到"能用普通话正确、流利、有感情地朗读"。《普通高中语文课程标准(实验)》在必修课程"阅读与鉴赏"的课程目标中,提出了"能用普通话流畅地朗读,恰当地表达文本的思想感情和自己的阅读感受"的目标。该表述在语音技巧层面、言语表达层面对高中生的朗读能力提出了更高的要求。一般来说,文学体裁的作品较应用体裁的作品更适合朗读,在文学体裁中诗歌与散文又更加适合朗读。因此,诗歌与散文在朗读时就应全篇或大部分作为朗读素材,而其他体裁我们就从中筛选出具有文学性或者适合朗读的内容。诗歌是最宜朗读的文学作品。俗话说"熟读唐诗三百首,不会作诗也会吟",可见诗歌的教学是需要通过朗读去感受其韵律美、绘画美以及情感美的。

第四节 教授以情感为主的课堂内容

从我国目前语文教育现状来看,注重知识传授和技能培养取得了相当大的成绩,但却忽略了情感这一终极目标。语文情感的教学策略是多种多样的,而且大多都渗透在语文知识和技能教学中。但语文情感的教学策略又与语文知识、技能的教学策略有所不同。在语文教学中,不仅要向学生传授语文知识,培养其语文能力,进行语文知能教育,还要影响学生的情感态度与价值观的形成,所以还要探讨如何教授以情感为主的课堂内容。

一、情境教学法

情境教学法是从教学的需要出发,教师根据教材创设以形象为主体,富有感情色彩的具体场景或氛围,激起和吸引学生主动学习,从而达到最佳教学效果的一种教学策略。有学者认为,情境教学法的前身是保加利亚心理疗法专家、哲学博士洛扎诺夫(Georgi Lozanov)提出的暗示教学法。洛扎诺夫指出:"艺术手段不仅用来为课本基本材料的接受和理解,创造愉快的气氛,它们也必然会促进暗示的心理机制——态度、动机和期待。"可见,艺术形式是一种很好的暗示调节与表达手段。在教学过程中通过艺术表现形式使学生的大脑相关部位处于一定程度的兴奋状态,充分调动大脑左右半球协调一致地工作,从而使学生在潜移默化中接受教师预先设计的情感教学目标的影响。学生在艺术美的熏陶下,使自己的情感得到自由释放和陶冶。在这种情感的意境中,学生的身心处于自由轻松状态。由于艺术审美是诉诸情感的，学生总是不知不觉地受到艺术的熏陶，情感得以净化。在语文教学中，适当地运用电影、电视、戏剧等综合的艺术形式，将有关教学内容的基本原理与音乐、舞蹈、表演等联系起来，暗示由情境产生，会使情感教育取得较好的效果。创设理想情境是情境教学的关键，有研究者建议以下几种方法可有效地用以情境教学。

（一）观察实物，陶冶道德情操

教师可以根据领会课文内容的需要，引导学生观察实物。例如，阅读《中国石拱桥》一文后就利用双休日组织学生骑车去市区市郊，实地观察桥梁的造型与结构。回校后，让学生讨论各种桥梁设计施工上的独特创造和建筑艺术价值，再结合课文讲析中国石拱桥在世界桥梁建筑史上的地位，以及新中国成立以来桥梁建筑事业的飞跃发展状况，这样就使学生在活动中自然而然地领会到了我国劳动人民的勤劳智慧和伟大的创造力。又如，阅读《春》《大自然的语言》《在烈日和暴雨下》等涉及自然景物的课文时，教师可以指导学生直接接触景物，春天可让学生利用闲暇到田野里去观察春山、春水、春日、春草、春风、春雨的特点，到大自然中观察大地从沉睡中苏醒过来的情境，观察花草树木、鸟兽虫鱼；夏天，可让学生到烈日下、到暴雨中去体会与观察景观，这些身临其境的观察感受，会自然地激发学生热爱生活、热爱大自然的感情，也能让学生体味到作者的思想情感。

（二）以音乐创设情境，烘托氛围，帮助学生感受作者的心灵之声

可由学生直接聆听音乐，感受音乐的故事，也可由教师范读或学生朗读文学作品，同时播放伴奏音乐。在教学中，音乐会给学生造成一种心理趋向，缩短由时间跨度而产生的心理差距，使之接近作者的情感。在学习一篇新课文时，教师可以先用音乐的形式渲染气氛，触发学生的情绪体验，正所谓"握拨一弹，心弦立应"，学生带着某种情感涉入文本，可以迅速置身于课文情境之中，更好地理解与感知作家想要传达的东西。比如在学习苏轼的《江城子》一诗时，教师可以先播放一段《二泉映月》，在"如怨如慕，如泣如诉"的二胡独奏曲中，学生会情不自禁地生发出一种哀思万缕，盘结于心，剪不断，理还乱的愁苦之情。"诗言志、歌咏言"是中国的古典诗词的共性，历代的文人墨客，都将"可歌可咏"作为衡量诗词作品优秀与否的一个重要标准。从诗经、楚辞、汉赋到唐诗、宋词、元曲以至明清文艺，均有抒发情感、表达志向的特征。在表现形式上追求适合表达内心情感的韵律，在内在意韵上体现了复杂丰富的思想情感：热情欢畅的唐诗、绚丽多姿的宋词、倜傥奔放的元曲、晓白率真的明清文艺等，构成中国文化长轴中一幅幅秀美的图景。由于音乐与中国古典诗词在艺术表达形式上的紧密的联系，语文古诗词

教学最适合用音乐创设情境。

（三）画面入情

语文教学过程中可以充分利用现代教育信息技术，通过录像、电影等展示形象的手段，或者用绘画引导学生由画面再现课文情境。其中，诗歌和绘画的联系尤为紧密。宋代诗人苏轼曾有言："善诗者，诗中有画；善画者，画中有诗。然则绘事之寄兴，与诗人相表里焉。"这里的"寄兴"即表明了诗与画在表情达意方面的相通之处。古人写诗歌，俨然具有画家风范。

教师在创设情境时要避免形式化，有的课文不适合创设情境，议论性较强就无须追求仿照生活自然的创设。情境的创设必须以文本的特点为依据。例如，中国古典诗歌讲求言简义丰，学生往往难以在寥寥几句诗句中体会诗歌的意境，而当教师以绘画的方式来呈现诗歌时，图画的直观冲击感则有助于学生理解诗意、领悟诗境。由画入境即利用绘画，引导学生感受诗歌的意境美。谭朝炎曾言："诗画原本相通，相通之处在于追求意境。"由此可见，探求诗歌的意境是可以从绘画中获得直接体验与情感启迪的，因而教师在教学中对诗歌的意境解读，可以借助绘画创设情境。

叶圣陶曾经说过："诗歌的讲授，重在陶冶性情，扩展想象。"古诗的教学，可以利用简笔画，将古诗抽象的内容用具体的画面表现出来，将学生带入诗的意境，体验诗人的情感，诗情画意地教古诗，教出古诗的诗情画意。教师在运用简笔画时，也要注意一些问题。首先，教师若进行绘画演示，应紧密结合教学内容边讲边画，从而促进学生积极的思维活力。简笔画所表现的物象一定要紧紧围绕教学内容。其次，表现的内容应形象准确，重点突出。否则，学生看了半天也不知所云，影响教学效果。这就要求教师能准确熟练地掌握简笔画技法。最后，要根据学生的年龄特征来使用。低年级的学生处于形象思维阶段，在教学时可以多采用直观图像，随着年龄的增长、能力的提高，学生由形象思维向抽象思维过渡，在教学时要把握这一特点，适时引导学生逐步向抽象思维过渡。此外，简笔画要简洁、适量，不能喧宾夺主。教师在进行教学设计时，要根据课文内容来选择采用何种教学策略，每篇课文都用简笔画是不现实的，学生也容易厌烦。

二、角色扮演法

角色扮演法是一种以培养学生正确的社会行为和价值观念为取向的教学策略。它的实施过程是使学生通过对人物角色的分析和表现，达到提高社会认知水平，解决价值矛盾冲突，进行自我人格反思的教学目的。角色扮演法对于教师最大的优势是这种教学策略掌控灵活、操作容易、教学效果明显。它不需要特别的设备，也不需要大量财力、物力的投入，只需要简单的道具就可以实施。一般来说，角色扮演法包括四个步骤：一是教学准备。课前教师要做好教学目标、模拟情境和所需背景资料的准备，设置与情境相关的一些问题，让学生思考在角色扮演中的行动。二是角色分配。教学目标和情境确定后，教师和学生一起根据学生的特点进行角色安排，每个学生都要明确自己的身份特点和任务职责。三是扮演实施。学生在一定情境下开始角色扮演，学生在扮演过程中要按照相关要求展开行为活动，是活动的主角。教师在这些过程中只是参与者和组织者，若学生遇到了无法解决的问题，教师可以提供必要的帮助和提示。四是总结与评价学生要对角色扮演过程中的感受、收获、所遇问题及解决办法等内容进行汇报总结。师生要对角色扮演的学生进行评价，学生评价包括自评和他评，教师还要进行最后的反馈和评价，包括学生对角色的理解和把握、角色的行为表现、语言表达、应变能力等方面的内容。

三、户外教学法

户外教学法的组织形式有个人和小组活动，户外教学活动的学习重点并非是某类知识或技能，而是在于开发与团体效率有关的某些观念，如自我意识、冲突管理和风险承担等。杜威说过：走出教室一步就意味着对学科的超越，选择了一种教育，就选择了一种生活。英国环境教育界曾掀起了户外教育运动，主张在任何年级、任何学科，都应尽可能到户外寻求相关的学习主题，以便通过户外学习使学生取得最佳的学习效果，语文新《课程标准》明确指出"语文是母语教育课程，学习资源和实践机会无处不在，无时不有"。

根据美国视听教育家戴尔（E.Dale）的"经验金字塔"，我们可以看到户外教学法为学生提供的是接触真实自然的机会，它能使学生获得亲身参与的经验。"经验金字塔"所表现的学习经验可分为三大类：一是"做"的学习经验，包括直接的、有目的的经验，设计经验和戏剧的经验；二是"观察"的学习经验，包括示范、参观旅行、展览、电视、电影及录像广播；三是"使用符号"的学习经验，包括视觉符号和口述符号。一般来说，室外语文课的实施都需要三个过程：课前准备、课中引导和课后深化提高。

第六章 语文教学中的思维训练与文学艺术思维培养

本章分别论述了形象思维、抽象思维、辩证思维、灵感思维、直觉思维、相似思维、创造性思维等七大思维类型与语文教学极为密切、不可分割的关系，既有对理论研究成果的借鉴与发挥、教学经验的总结与发展，也有对思维训练科学途径的探讨。

第一节 语文教学中的思维类型

一、形象思维与语文教学

（一）形象思维的概念和特点

1.形象思维的概念

形象思维是人的大脑自觉反映客观的具体形状或姿态，运用观念形象（意象）加工感性形象，从而能动地指导实践，创造物化形态的思维活动。它可通过创造真实感人的艺术形象来反映生活，揭示生活的有关本质与规律。

形象有主客观之分，客观形象就是能引起人的思想或感情活动的具体形状或姿态，也就是客观事物在立体空间中的存在状态，及这种状态随时间而发生的变化。主观形象是客观形象在人的感官与头脑中的能动反映。

主观形象有初高级之分：初级阶段，即感性形象认识阶段，主观形象分为感觉形象、知觉形象、印象和表象；高级阶段，即理性形象认识阶段，主观形象表现为意象，它是观念的或理性的形象。

客观形象是纯客观的，但主观形象不是纯主观的，它的形式是主观的，内容是客观的，可见主观形象是主客观统一的形象。

还有另一种主观形象（意象）的物化形式，如艺术形象，有人称之为物化形象。艺术形象的主客观统一，是"主观见之于客观"的形象，即通过形象思维指导的实践活动而创造出客观形象。所谓主观形象，则是"客观见之于主观"的形象。

形象思维是一种以客观形象为思维对象、以感性形象为思维材料、以意象为主要思维工具、以指导创造物化形象的实践为主要目的的思维活动。

2. 形象思维的特点

形象思维最突出的特点是鲜明的形象性，有时还带有浓郁的感情色彩，并通过一定的个性来反映共性。

（1）形象性

首先，形象思维是以客观事物的形象作为思维的对象。自然界美不胜收的景物，千姿百态的景色，各种人物的音容笑貌，各种人造物的状态，各种文学艺术的形象，等等，这一切构成了人们认识大千世界的内容。

其次，形象思维主要使用意象、具体概念、形象的语言、各种图形等形象性的思维工具。形象语言从性质上分三类：视觉语言、听觉语言、视听综合语言。这三种语言又可分为名词、动词、形容词。名词反映特定事物形象，如人、湖泊；动词反映特定事物运动形态，如哭、笑；形容词反映事物的性质、状态，如绿、尖等。人们运用形象思维的工具，就可对事物的客观形象进行分析、比较、综合、概括，引起联想与想象，创造新的物化形象。

最后，形象思维除使用形象性语言外，还可使用形象性的非语言手段，如图形、模型、动作、表情及各种姿势等，来传达思想、情感，表达意象。

（2）通过个性反映共性

形象思维通过个性反映共性，揭示个别事物的本质特征、必然的运动发展来认识某类事物的共同本质和普遍规律。

美国著名学者斯佩里（诺贝尔奖获得者）通过研究"裂脑人"发现，人脑左半球主要管理人体右侧运动，具有逻辑思维、求同思维以及言语、计算等能力，名为"理性半球""逻辑半球""知识的脑"。左半球比右半球有强得多的控制能力。右半球主管人体左侧运动，具有直觉思维、求异思维，偏重于对音乐、舞蹈、节奏、绘画等空间形象感受和识别能力，与人的想象能力相对应，名为"情感半球"或"创造的脑"。形象思维的生理机制来自大脑右半球。实验证明，科学家在紧张进行研究工作时，大脑左半球是明亮的，表示其抽象思维异常活跃；而右半球也稍有亮点，但大半区域是暗淡的。相反，艺术家在艺术创作的高潮时，右半球是明亮的，左半球也有些亮点，但大片区域是暗淡的，表明形象思维在正常运动。同时也说明，在思维活动中，以某种思维为主，需要多种思维的相互配合、协调统一。

（二）形象思维的过程

形象思维作为一种认识活动,体现着感性和理性的统一,认识活动和指导实践的统一。形象思维作为一个完整的认识过程,它要经历"两次飞跃",即经历从感性形象认识向理性形象认识的飞跃,再经历从理性形象认识向实践的飞跃,形象思维才能通过实践反馈而反复循环,不断由低级向高级发展。我们可以把它分为初级、过渡、高级三个阶段来理解。

1.初级阶段——感受摄像储存

（1）形象感受

形象思维须以形象感觉为基础才能进行。对事物较完整的感性直观产生于知觉。形象视觉和另一种感觉集合,一般会构成知觉形象,其他感觉对视觉形象起补充或修正作用。

形象感受是形象思维的第一个环节,是思维的基础,是艺术想象的依据。形象感受有主动与被动、局部与整体、有序与无序、初次与反复之分。列夫·托尔斯泰在创造安娜·卡列尼娜的形象时,曾经从普希金的女儿那里得到形象感受,获得美感启发,把她作为原型,作为艺术想象的依据,不论在性格还是外表的塑造上,都贯注着她的神思。这是一种主动的、整体的、有序的、反复的感受。如果我们硬被拖去游览某风景区,从未到过那地方,心中老想着其他的事,那么对风景区的感受则是被动的、局部的、无序的、肤浅的。而形象感受则必须有主体的积极参与,多方面感知,反复思考,才能获得真切的感受。

（2）形象摄像

摄像是形象思维过程的起点形态。它是思维过程的第一个关口,它是由感性认识进入形象思维过程,既相互联系又根本区别的边界关口。

摄像是在表象的基础上摄取有特征影像的认识形态。它保留了表象的直观可感性,但它所摄取的是经过选择的富有特征的影像。摄像有动静之分,局部整体之别。

动态摄像。它是指摄取对象在活动中有特征性的影像,通常是对象活动各发展阶段有特征的表象的综合。

局部摄像。它是指摄取对象局部具有的特征性的影像。

整体摄像。它是指摄取对象整体有特征性的影像。

（3）形象储存

感觉形象和知觉形象在头脑记忆中的储存称为印象。表象是对记忆下的印象的回忆。表象与感觉、知觉印象相比,具有一定的间接性、概括性,它的反复进行就使表象可能变成反映事物特征的摄像。如从一张秋天红色的枫叶,概括出众多的秋天的枫叶都具有红色的特征。这就为感性形象认识向理性形象认识的转变提供了可能性。

形象储存是形象思维的第二个环节。既有形象的感受，又有形象的储存记忆，印象清晰，而且有可能把握住生动的细节，成功地进行艺术创作。魏巍在朝鲜战场，通过切身感受，在脑海里储存了大量的中国人民志愿军战士的崇高形象、动人事迹，因此进入创作过程后，才能对保存在记忆中的印象回忆产生的表象，富有特征的摄像，按主题需要进行精选。

2. 过渡阶段——判断加工意象

形象思维的过渡阶段要进行形象判断。这是继感知、储存之后，形象思维的第三个环节。它可分两类：一是简单直觉形象判断，指对客观事物表面形态的识别辨认。动物只有简单直觉形象判断，如军鸽能从千里之外飞回营地。二是复杂直觉形象判断，指对客观事物表面形态的识别与内在实质理解的辩证统一。

诗人与画家用不同的形式，创造了美的形象。这形象，反映了作者对自然美的感受、观照。当我们沉醉于美景，也许并未想到什么，而感到的是它的形式。诗人查慎行漫步溪边，见繁星、远山、园林、树荫、萤火、山泉，听蛙鸣、听水声，心感自然的优美，赏心悦目于美感中，似乎并未沉思。我们观自然美景，看文艺佳作，也离不开直观感性形象给人的印象，美学家就把人们在观赏美、创造美时的感性心理特征，叫作美感直觉，也叫审美直觉。过渡阶段，要由感性形象向理性形象过渡。这个阶段主要通过对感知印象的"由此及彼、由表及里、去粗取精、去伪存真"的过程而形成直觉。意象属于观念形象，表象、摄像是连接感性和意象环节，在表象、摄像基础上进行的形象思维。意象，是对摄取并储存在头脑中的影像信息进行改造，是对过去记忆中已形成的那些暂时联系进行新的组合，是对已有影像的新的加工与判断。通过加工与判断，人们便有"意"把某类事物的特征概括熔铸于创造出来的新形象之中。

3. 高级阶段——联想想象造像

形象思维从摄取影像，到意造新象，再到典型造像，就形成了形象思维过程由低级，经过渡，到高级阶段的三个层次。典型形象的造像，就是对意象的"部件"进行"总装"，就是要在意象对生活进行一般概括的基础上，对生活进行典型的概括。

典型概括的过程，是由个别到一般的思维过程，但这个过程主要不是抽象的判断与推理，而是典型形象的"再现"与"显示"，为此就离不开联想与想象。联想是从一事物想到另一事物的思维活动。意象是形象思维的细胞，本质上讲，形象思维的联想是从一个意象想到另一个意象的思维活动。联想以记忆为前提，没有对意象的记忆就没有联想。

联想在反映意象之间关系的过程中，体现出对意象有所断定与评价的功能。

联想要将各种意象联结来揭示意象内容。如杜甫的诗句"朱门酒肉臭，路有冻死骨"，反映了贫富差别，揭示了统治者剥削劳动人民的残酷社会现实。我国古典文学中常用的比兴手法，就是诗歌中以形象对比为主要形式的联想活动。

联想的基础是客观事物形象的相似性与接近性。但这相似与接近都不是绝对的。世界上没有两个人的相貌长得绝对一样，我们由浪里的鱼，想到梁山泊水中英豪张顺，是因二者在善游方面相似，故名之曰"浪里白条张顺"；我们由打虎武松的意象，想到卖炊饼的武大郎的意象，因他们是两弟兄，比较接近，但具有不确定性。

然而，形象思维的联想又有一定的确定性，它表现在"像与不像"之间有一定的伸缩范围，车队长，才像一条河，一辆车子不可能像一条河。张顺善游泳，才似浪里白条，若是"旱鸭子"，就不能如此取名。这"像与不像""接近与不接近"，就包含形象思维联想的确定性。所以，只有从确定性与不确定性相统一的观点出发，才能正确判断某一具体的形象思维联想是否符合客观实际。

想象，是人脑在联想的基础上加工原有的意象而创造出新意象的思维活动，联想只是由一种已知意象唤起另一种已知意象，从而揭示意象的内容与本质关系，并不创造新意象，而创造性则是想象的突出特点。例如《小二黑结婚》中的三仙姑及女儿小芹，就是赵树理用熟悉的生活实例在他头脑中形成的意象，创造出的新形象。

想象也要使用形象分析、比较、综合、概括等方式来加工理性意象，而绝非只是加工感知形象和表象。想象要在联想的基础上加工原有意象，创造新的意象。在联想和想象的基础上塑造典型形象，运用形象思维提炼、加工，使其具有典型性、立体性和真实性，这样产生的新形象才具有艺术的生命力。

（三）形象思维训练

形象思维训练从心理素质的角度考虑，在语文教学中，主要应对各种类型的联想、想象、表象、意象、情感等与心理成分相关的环节进行训练。

1. 从仿写到创新的训练

仿写属模拟思维活动，模拟思维是对某种现成的事物或现象进行仿效的一种思维形式。学生进行仿写练习，有助于创造性思维的发展。在语文教学，仿写既可提高学生的写作能力，也能加深其对课文的理解，课文中获得的多方面的知识，得到进一步的巩固、提高。这种以写促读、以读助写、相得益彰的写作训练方法，对提高教学质量很有帮助。

（1）仿拟构思的训练

韩愈主张学古文要"师其意，不师其辞"。"师其意"就是指要学习范文的立意构思、选材剪裁、谋篇布局等方面的优点。如茅盾的《风景谈》，通过六幅画面——自然风光的描写，进一步赞颂主宰风景的人——解放区军民的生活和斗争，抒发深情。可结合课文，仿拟构思，以《风景新谈》为题作文。

仿写应从小学抓起，小学二、三年级开篇就应以仿写为主，初中生的仿写，比高中生的仿写更为重要，小学、初中的仿写基础打好了，高中仿写就能出新意、创新篇。

（2）仿写技巧训练

写文章既要有好的主题与材料，又要掌握熟练的写作技巧，才能更好地表达自己的思想，使文章的形式和内容水乳交融。作者运用语言，通过一定的表现手法，处理材料与中心的关系，除了记叙、描写、抒情、议论等表达方式外，还有各种修辞手法的仿效与运用，各种写作特色与风格的借鉴、学习。

（3）仿写语言训练

如果说主题是文章的"灵魂"，材料是"血肉"，结构是"骨骼"，那么，文章的语言就好比构成人的生命基础的"细胞"。所谓"言之无文，行而不远"，从形象思维的角度考虑，主要应模仿练习那些生动形象、通俗朴实、含蓄简练的语言。

2. 联想思维训练

联想是由一个事物想到另一个事物的心理现象。具体说，客观事物以一定的关系彼此联系作用于人脑时，会在大脑形成各种暂时联系；在作用终止后，这种暂时的神经联系以痕迹的方式留在头脑中；在一定条件下，这种联系可以活跃、恢复起来。

联想是想象的初级形态，它跟想象一样，在语文教学中具有重要的意义。比如，分析课文，须具有联想力，才能思考清楚现象与本质、内容与形式的关系；较强的联想力是作文精巧构思的基础，是用好语言的条件。修辞中的比喻拟人等，实际上是各类联想的不同表现，排比句、递进句，乃是横式联想、纵式联想的不同表现方式。各类体裁的文学类课文，从写作到教学都必须借助联想才能完成。

联想训练可以从对比、接近、相似、追忆、因果、推测和连锁方面进行。

（1）对比联想训练

对比联想是由对某一事物的感知引起相反特点的事物的联想。如古代民歌"月儿弯弯照九州，几家欢乐几家愁，几家高楼饮美酒，几家流落在街头"就运用了对比联想。中学课文中的对比联想很多，如《从百草园到三味书屋》，就是用充满无限乐趣、令人无限向往的百草园，来反衬对比枯燥乏味的三味书屋。再如《苏州园林》，作者采用对比联想的写法来突出事物特征，效果极佳。介绍布局，将苏州园内亭台轩榭的布局跟宫殿住宅相比，突出了苏州园林讲究自然之美、自然之趣的特点。

（2）接近联想训练

接近联想是指相邻的事物因时间或空间的接近而引起的联想。如《谁是最可爱的人》中有段文字："亲爱的朋友们，当你坐上早晨第一列电车走向工厂的时候，当你扛上犁耙走向田野的时候，当你喝完一杯豆浆，提着书包走向学校的时候，当你坐在办公桌前开始这一天工作的时候……朋友，你是否意识到你是在幸福之中呢？"这一组排比句写的事情都发生在清晨，因时间相同而发生联想。

（3）相似联想训练

相似联想是由对一件事的感受引起的同该事物性质形态相似事物的联想。如《绿》中写道："那醉人的绿呀，我若能裁你以为带，我将赠给那轻盈的舞女，她必能临风飘举了。我若能挹你以为眼，我将赠给善歌的盲妹，她必明眸善睐了。"训练时，要让学生明确，其中有一组因形态与特征类似而构成的相似联想："带"与"眼"分别显示舞女与盲妹的活力，人们又爱把"绿"视为生命的象征，故作者巧由潭的绿波颤动，联想到"带"的飘举和"眼"的流转。这样的相似联想，自然、优美、精巧。教师只做简单提示，学生便能由物及人，展开相似联想。

（4）追忆联想的训练

追忆联想指由现实生活中的某一事物，引起人们对经历过的生活、见闻、知识等的回忆。徐迟写作《在湍流的漩涡中》，对周培源从 20 世纪 30 年代到 70 年代的经历，先是按时间顺序写，像记"流水账"一样。后来，他丢弃长达 23 000 字的原稿，抓了"一刹那"，把事件集中在一个晚上，再通过回忆加以展开，通过这种追忆联想的方法，使作品顺理成章，紧凑凝练，以 7000 多字的篇幅表现了人物坚定的斗争精神与丰富的内心世界。《祝福》先写祥林嫂在爆竹声中死去，再回忆她的一生，也是用追忆联想的方法。中学生写童年生活的回忆，就可用追忆联想。

（5）因果联想的训练

因果联想是由原因想到结果，或由结果想到原因的思维方法。《荔枝蜜》就用了因果联想的写法："小时候有一回上树掐海棠花，不想叫蜜蜂蜇了一下，痛得我差点儿跌下来。""从此以后，每逢看见蜜蜂，感情上疙疙瘩瘩的，总不怎么舒服。"后来是因为喝了"忙得忘记早晚"的蜜蜂酿造的荔枝蜜，才"觉得生活都是甜的呢"；是因为了解蜜蜂用短促的一生"为人类酿造最甜的生活"，就像辛勤的农民"为后世子孙酿造生活的蜜"一样，所以"我"才由讨厌蜜蜂，到"梦见自己变成一只小蜜蜂"。《荔枝蜜》的因果联想用得多么的巧妙啊！在作文中写自己喜、怒、哀、乐的人与事，可用因果联想的方法去写出原因。

（6）推测联想训练

推测联想是根据已经知道的事情来推测不知道的事情的一种联想方式。例如，《从百草园到三味书屋》："我不知道为什么家里的人要将我送进书塾里去了，而且还是全城中称为最严厉的书塾。"进书塾是知道的事情，只是不知为啥要进这"最严厉的书塾"，所以才从童心出发展开推测联想："也许是因为拔何首乌毁了泥墙吧，也许是因为将砖头抛到间壁的梁家去了吧，也许是因为站在石井栏上跳了下来吧。"作者运用联想推测原因。

（7）连锁联想训练

连锁联想是指运用联想的方法把几种事物一环扣一环地串联在一起，也可以从同一事物的不同方向进行两种以上的联想。如《荔枝蜜》由荔枝树想到荔枝蜜，由荔枝蜜想到蜜蜂的劳动，由蜜蜂的劳动想到农民的劳动。这是一环扣一环的联想。

3. 想象思维训练

主要从再造想象与创造两个方面进行训练。

（1）再造想象训练

再造想象，就是根据别人对某一事物的描述，在自己头脑中形成新形象的过程。在阅读过程中，再造想象占据突出的地位。读者正是根据作者所提供的语言信息，唤起头脑中的有关表象，并根据作者的提示进行新的组合，从而再造新的形象。再造想象的训练，可将短小、生动、形象的古今诗歌，让学生改写为故事、散文，要求能再造出新的形象来。

（2）创造想象训练

创造想象就是不以现成的描述为依据，在头脑中独立地创造出全新的形象的心理过程。比如，"暴躁"是一种情绪，看不见，摸不着，茅盾在《追求》中，却直观地、具体地、形象地用语言把它描述了出来："她暴躁地脱下单旗袍，坐在窗口吹着，却还是浑身热辣辣的。她在房里团团地走了一个圈子，眼光闪闪地看着房里的什物，觉得都是异样地可厌，异样地对她露出嘲笑的神气。像一只正待吞噬的怪兽，她皱了眉头站着，心里充满了破坏的念头。忽然她疾电似的抓住一个茶杯，下死劲摔在楼板上，茶杯碎成三块，她抢进一步，踹成了细片，又用皮鞋的后跟拼命地研研着……"在这里，人物的暴躁情绪具体生动地展现了出来。

培养想象创造力，可多做类似具体化的思维训练，如写一个"勇敢"的人，或者写一个"骄傲"的人，或者写一个"谦虚"的人，或只把其中的一个概念形象化，发挥想象，使其生动感人。

4. 情感思维训练

一般的情感是人们对与之发生关系的客观事物（包括自身状况）的态度的体验。审美情感以日常情感为基础，不仅是个人需求的主观满足，而且是审美需要与理想的满足。这其中包含着主体对审美对象理性的、社会的评介，故属高级情感类型。或者说，审美情感是为了满足自己审美活动的需要而产生的态度体验。情感作为人对客观事物的态度体验，是兴趣的诱因。它使人的注意、感知、思维倾向于某一阅读和写作对象，促进智能的更好发挥，学生对阅读写作有了稳定而深厚的情感思维，就会怀着浓情蜜意去从事阅读和写作。情感思维训练可从以下两方面进行。

（1）情境思维训练

"登山则情满于山，观海则意溢于海""情以物迁，辞以情发"。情境思维训练，以课文语言为据，引导学生进入情境，产生情感。学习《海燕》，把学生带入暴风雨将起、暴风雨逼近、暴风雨降临三个情景交融的境界，学生的情感必然受到感染。如在暴风雨即发的场面中，作者呼唤："让暴风雨来得更猛烈些吧！"进入情境的学生，也会像海燕一样，感受一种战斗的激昂的欢乐的豪情。

（2）共鸣思维训练

课文的感染力是学生产生共鸣的客观条件。当学生的情感被课文的情感所"俘虏"、所"征服"，就会引起强烈的情感反应。《琵琶行》中，琵琶女凄凉话身世，血泪抚孤琴，惹得江州司马青衫湿，情动于中的学生受到感染，引起共鸣，也会掬一把同情之泪。

学生带着情感思考社会生活，有利于把握社会生活现象的本质；但只有培养健康高尚的审美情趣，才会在情感上厌恶假恶丑，热爱真善美。

5. 课堂形象思维训练

提高课堂形象思维的教学艺术水平，需要注意与形象思维的训练紧密结合，并注意以下环节：

（1）形象美的导入与练习

课堂导入的方法可以千变万化，而注意形象美的导入，效果必佳。据报刊介绍，在纪念周总理逝世一周年时，于漪老师教《周总理，你在哪里？》用了一则新闻开头："同学们，你们知道吗？就在最近，我国男高音歌唱家李光羲在法国唱了一支歌，轰动了整个巴黎，博得了崇高的声誉。为什么呢？因为他唱的歌，不仅唱出了我国人民的心声，而且唱出了世界人民的心声。""今天，我们要上的课，就是这首歌的歌词。"

在生动形象的启发下，学生仿佛真切地感受到了歌曲深沉、高亢的旋律：仿佛山谷在回响，大海在呼啸，千山万水都在深情怀念周总理。学生们在练习朗读时，也就禁不住声泪俱下了。这样导入，就把教师从教学主体转化成了审美对象，因而能形象地激起学生美的思绪与情感。

（2）形象美的导读

不同的课文，应采用不同的形象思维导读方法。如，学过《荷塘月色》后，已领略了其中的"优美"情境，这是一般审美的满足。学《荷花淀》时，就可以旧导新，从而深入学习，白洋淀的美景把读者带入了一个诗情画意的境界，这个形象的境界与《荷塘月色》的一样"优美"，但与朱自清笔下的荷叶荷花在质地上又有区别，可要求学生展开形象思维，思考比较。

（3）形象美的导思

课堂教学训练学生的形象思维能力，须在导思上多下功夫。导思的方法很多，可通过优美辞章、典型人物、生动意境等方面展开比较思维，使学生更好地受到作品情操美、形象美的陶冶。以朱自清的三篇散文为例，学生先学了《春》，已形象感受到它的明朗、热烈，理解了作者怎样用细腻、形象、动人的彩笔，描绘了充满诗情画意的春天。教学中以读促写，是一条提高学生读写能力的好路子，也有利于发展学生的形象思维。学过散文后，可引导学生到生活中去采撷形象美的花朵。学生一旦张开形象思维的翅膀，就会发现，"物之生而美者，盈天地皆是也"。学生具有感受形象美的能力，一抔黄土，一株杨柳，一朵月季，一片朝霞，等等，可以成为咏赞的对象；绚丽夕阳，涓涓山泉，展翅春燕，可以勾起缕缕情思。只要学会了形象思维，就可以去思索自然美的奥妙，形象地感受美：春日踏青，夏日郊游，陶醉于青山绿水之间，感到万水千山总是情。学会了表现美，就会借鉴课文写法，去歌颂白塔晨钟，黄山烟云，太湖碧波，峨眉日出，西湖夕照，去歌颂千千万万的普通劳动者像青松、像梅竹一样的品格；去赞美园丁们像红烛一样的奉献精神。这就是形象思维结出的累累硕果。有了这样的基础，我们的青少年就可以自觉地向形象思维的创造高峰攀登。

二、抽象思维与语文教学

抽象思维与直观动作思维和形象思维相对应。根据思维活动的特点和人对对象的掌握程度，区分为抽象理性思维和具体理性思维；逻辑学界把思维分为形式逻辑思维和辩证思维；哲学界把思维分为形而上学思维和辩证思维。实际上，形式逻辑思维指的就是抽象理性思维。

（一）抽象思维的含义

人们在认识过程中，借助于概念、判断、推理等思维形式，进行理性思维或概念思维合乎逻辑地反映现实的过程，都属于抽象思维的范畴。

抽象思维来自客观现实变化的规律性。在实践中，人脑要对感性材料加工制作，逐渐产生认识过程的突变，一旦形成概念，抓住了事物的本质、全体、内部联系，就认识了事物的规律性。在此基础上，人们可以进一步运用概念构成判断，又运用判断进行推理。这个运用概念构成判断、进行推理的阶段，就是思维的理性阶段。概念、判断、推理，就是抽象思维的形式。概念、判断、推理是如何形成的？这就有一个具体、全面、深入认识事物的本质和内在规律性关系的方法问题。方法不少，如具体与抽象的统一、特殊与一般的统一、归纳与演绎的统一等。此外，抽象思维还要遵循同一律、不矛盾律、排中律、充足理由律等基本规律。

（二）抽象思维训练

1.概念思维训练

我们经常碰见的概念，是事物的特有的本质属性在人们头脑中的反映。对中学生的概念思维训练，应注意以下几点：

（1）初步了解概念特性

第一，概念的客观性与主观性。概念的客观性表现在它是客观事物抽象、概括的反映；它的主观性表现在形式上，即概念是人脑在感性材料的基础上，经过复杂的改造制作，抛弃了感性事物的丰富想象，舍弃了非本质的、偶然的东西，把事物中的本质的、必然的、普遍的、共同的东西抽取出来，以词语给它下一个定义，这才形成了反映事物本质的概念。

第二，概念具有确定性。客观事物虽在总体上处于绝对运动中，但每一具体事物及其过程都有相对稳定性，每一事物都有自身的质的规定性和确定性，一事物与他事物的区分也是确定的。这就从根本上决定着概念具有确定性。例如，由两个氢原子和一个氧原子化合而成无色、无味、无臭的液体，在标准大气压下冰点为零摄氏度、沸点为一百摄氏度、四摄氏度时比重为一……这些就是水的特有属性，人们就可以根据这些特性把水和其他事物相区别。

第三，概念的抽象性。抽象思维的概念，是内涵和外延的对立统一，概念既是抽象的，又是具体的。抽象思维在研究概念时，把概念的外延当作概念所反映对象的范围大小和数目多少，把内涵当作概念在这个范围内的所有对象的共同属性，进而得出一个规律！即概念的外延越大，其内涵就越小；反之，外延越小，其内涵就越大。

（2）概念内涵与外延的训练

概念与语言的关系，是思想内容与语言形式的关系，二者联系紧密，区别明显。一方面，概念须借助语词才能形成与表达；另一方面，语词能表示一定的事物，说出来别人懂，在别人头脑中有相应概念。概念的区别可从以下四个方面训练：

第一，概念必须由词表达，但词不一定都表达概念。表达概念的主要是实词，虚词一般不表达概念。

第二，有的概念由一个词表达，如"建设""社会主义""精神""文明"；有的概念由短语表达，如"建设社会主义精神文明"。

第三，一个概念采用什么语词形式，不是必然的，同一个概念可以有不同的形式。如汉语中的"自行车""脚踏车""单车""洋马儿"（即自行车，四川方言）等都是一个概念。

第四，不同的概念可以有相同的语言形式。也就是说，同一语词可以表示不同概念。

2. 判断思维训练

概念是浓缩的判断，判断是展开了的概念，是在概念基础上发展起来的一种更高级、更复杂的思维形式。判断是对事物情况的断定，或者说是肯定或否定客观事物具有某种属性的思维形式。

判断的基本形式是"主词—系词—宾词"。例如在"开好在北京举办的亚运会是全中国人民的共同愿望"这个判断中，主词是"亚运会"，宾词是"愿望""是"为系词。

判断可分为简单判断与复合判断。

（1）简单判断训练

简单判断又叫直言判断，是只包含一个主词、一个宾词和一个系词的判断。简单判断还可继续分类：根据系词的性质，可分为肯定判断与否定判断；根据判断对象的数量范围，可分为单称判断、特称判断和全称判断。

（2）复合判断训练

由两个或两个以上的简单判断组成的判断叫复合判断。组成复合判断的那些简单判断，叫作复合判断的支判断。

3. 推理思维训练

推理是由一个或几个已知的判断推出一个新判断的思维过程。

推理由前提和结论组成。前提是指推理所依据的已知判断，结论是指前提通过推理得到的新判断。前提与结论的关系是理由与推断、原因与结果的关系。汉语中的因果复句和含有因果关系的句群，都是表达推理的。根据推理方向、推理形式可分为演绎推理与归纳推理。

（1）演绎推理练习

演绎推理的主要特征是从一般原理或普遍情况推出关于个别事物的结论。演绎推理有三段论、假言推理、选言推理等形式。

（2）归纳推理练习

归纳推理是由一些个别的特殊的事例推出同一类事物的一般性结论的思维形式。教师可结合阅读教学，通过具体课文的段落分析，让学生初步懂得一些推理的思维形式。

4. 抽象思维规律训练

我们要用口头语言和书面语言准确地表达自己的思想，应该做到概念明确，判断恰当，推理合理。要做到这些，还必须遵守形式思维的基本规律，即同一律、矛盾律、排中律、充足理由律。

（1）同一律训练

同一律是关于思维准确性的规律，即是说，运用同一概念必须保持同一意义，保持同一外延和内涵，不能偷换它的意义。一个判断，一个论题，也应保持同一性，不能中途任意转换、变更。

（2）矛盾律训练

矛盾律是关于思维首尾一贯的规律，即是说，在同一时间、同一关系上，不能对同一对象做出相互矛盾的判定，否则就会导致思维中的逻辑矛盾。

（3）排中律训练

排中律是关于思维明确性的规律，就是说，在同一时间同一关系上，对同一事物的两个互相矛盾或反对的论断，必须做出明确的选择，肯定其中一个而否定另一个，不能有第三种选择。

（4）充足理由律训练

充足理由律是关于思维根据性的规律，也就是说，一种思想必须有被证实的正确思想作为根据，一种观点必须有已被证实的正确观点作为充足理由，否则这种思想与观点就不符合充足理由律的要求。

以上四条规律相互联系在一起，任何正确的论断与论断体系，皆须同时遵守这四条形式思维的规律；也就是说，这四条规律是统一的，统一于正确的、符合逻辑的思维论断之中。

5. 类比思维训练

在认识客观事物的历程中，有时可按照两类事物的相同属性，推出其中一类事物的未知属性与另一类事物的属性也完全相同，这种思维形式，就是类比思维。

类比是一种从个别到个别的思维方法，人们历来很重视它。开普勒把它喻为"自然秘密的参与者"，是自己"最好的老师"。康德说"每当理智缺乏可靠论证的思路时，类比这个方法往往能指引我们前进"。黑格尔说，类比的方法，"在经验科学里占很高的地位，而且科学家也曾依这种推论方式获得重要的结果"。这些言论足见类比在思维中的重要性。

（1）立意类比训练

立意类比，就是抓住异类事物之间的相似点，进行由此及彼、由表及里的分析提炼，以求得与类比事物本质特征相似的道理，从而确立文章的中心论点。

（2）论证类比训练

论证类比法是将两种相类似的事物放在一块进行比较，根据已知事物的某些特点来推论、证明所要论证的事物，它是建立在类比推理基础上的一种求同或同中求异的论证方法。

类比论证与比喻论证的相同点在"比"，都属于比较论证法。相异点在于：比喻论证重在以具体喻抽象，有助于生动形象地说明道理；类比论证则是着重于直接类推事理，揭示所论证事物的内涵，突出所论证事物的特征。

6. 纵横思维训练

纵横思维训练包括纵向与横向两个方面。纵向思维是按时间推移、事物发展变化进程来思考问题的思维方法；横向思维是以一事物为中心，由此及彼、由近及远地向与之相关的其他事物进行广泛联想的思维方法。

（1）纵向思维训练

纵向思维是相对于横向思维而言，任何事物，从开端、经过到结局，总有一个纵向的发展历程。

（2）横向思维训练

此种思维方法，运用极广。在说明文中以空间转换为顺序的，即可安排横向思维结构。

7. 课堂抽象思维训练

怎样通过课堂教学来训练学生的抽象思维能力呢？可以通过议论文的教学来培养学生的分析、综合、抽象概括、系统化等抽象思维能力。为了培养学生的分析综合能力，应先与单元教学相结合，就一篇课文来讲，可引导学生做常规性的总结段意、归纳中心思想等练习；就一个单元的学习来说，要引导学生将单元中零散的知识系统化。学期结束时也要对整册课文做综合分析。到初中、高中毕业时，由于学生平时具有了较强的分析、综合能力，就能有条不紊地进行总复习。

课堂中的比较教学，是培养学生抽象思维条理性、深刻性的好办法。例如对中学课文中的论证方法加以分析比较，就会认识到归纳法、演绎法、类比法、层递法、引用法等各有何特点，它们在论证过程中，有何作用。这样，就能把握论证的思维流程。

为了培养学生思维的条理性、深刻性，中学各科都应注意知识的系统化。以语文科为例，要使学生的知识系统化，可让学生编写结构提纲、论证提纲、说明提纲、人物提纲、景物提纲、事件提纲、课堂讨论提纲等。就一个单元、一册课本来讲，还可写单元提纲、期末复习提纲，指导学生设计各种使知识系统化的表格，便于归纳整理。

对中学生进行抽象思维训练，总的来说，应结合听说读写训练进行，不必在概念、术语上兜圈子。

三、辩证思维与语文教学

辩证思维是使运动着的包含多样性规定的客观对象，在人脑中得到再现的思维。即是说，辩证思维从多样性的统一方面去把握运动着的现实世界。

（一）辩证思维含义

所谓辩证思维，就是反映客观现实的辩证法，自觉或不自觉地按照辩证法进行思维。

恩格斯说辩证的思维，不过是自然界中到处盛行的对立中的运动的反映。辩证思维与思维的辩证法既有区别又有密切联系。思维的辩证法是指思维自身所具有的辩证性质以及思维运动发展的辩证规律。

思维内容的辩证运动与发展，如我们认识事物，是从无知、知之较少到有知、知之甚多，从认识部分到认识整体，从认识现象到认识本质，从认识个别到认识一般，凡此等等，这就是从感性具体，通过有目的的思维活动，到思维抽象，再从思维抽象上升到思维具体的辩证运动过程。这一过程通过概念、判断、推理等思维形式的矛盾运动而表现出来。思维的辩证法存在于思维领域，并在其中发生作用，它是认识发展的规律。最终，它把客观事物的辩证法在认识中加以再现，这就实现了辩证思维。

（二）辩证思维的特征

1. 全面地统一地认识事物

辩证思维考察事物，必须看到事物的正面与反面、侧面以至各个方面，由此将事物组成一个统一体去认识；力求从中找出决定事物本质和事物运动发展的特殊矛盾，即找出事物的既相互对立又相互联系的两个方面，把事物当成对立面的统一体来把握。

2. 灵活地变化地考察事物

辩证思维考察事物及事物在人脑中的反映，不是凝固不变的，而是运动变化的。它要考察事物的现状、历史、未来；它对已有的事物，总是把它当作历史发展全过程中的一个阶段或环节来考察。正如马克思指出的那样："在对现存事物的肯定的理解中同时包含着对现存事物的否定的理解，对每一种既成的形式都是从不断的运动中，因而也是从它的暂时性方面去理解。"

3. 系统地联系地考察事物

辩证思维考察事物切忌孤立性、片面性，而是看作内部与外部联系的有机整体或系统。以此眼光去考察事物外部与内部诸因素的相互联系，考察一事物与其他事物之间的相互影响与制约。这样，就可把事物放在特定的系统中，进行相互联系的立体的思维。

4. 具体地实践地考察事物

辩证思维是从实践的观点出发，以获得关于认识对象的具体真理的思维。人们认识到事物及其联系的实践过程，必然制约、影响着辩证思维的全过程。也就是说，要进行辩证思维，必然把实践过程作为思维运动的基础。用实践的观点去研究语文教学的指导思想、原理原则、大纲、教材、教法是否符合教学要求、符合培养目标。只有这样，对语文教学改革才能看得深远，才能解决具体问题。辩证思维是具体的思维，这里的"具体"就是符合语文教与学的客观实际及其规律。

（三）辩证思维训练

辩证思维的任务是把事物的矛盾运动作为一个多样性的统一体在思维中再现出来。为此必须明确：思维须通过思维形式、思维方法的矛盾运动，经历一定的阶段和程序，这些必经的阶段和程序，就是辩证思维的规律。辩证思维既是过程，又是思维的结果，说它是一个过程是指思维活动必须经过一定的阶段才能实现辩证思维，人们一般把实现辩证思维之前的思维运动过程叫辩证思维的过程。辩证思维是思维运动的结果，这从相对意义上说是完成了的辩证思维，它已再现了对象多样性的统一。在多样性的辩证思维规律之中，最根本的一条是对立统一的规律。从唯物辩证法的角度考虑，它对其他规律起着影响与制约的作用。所以，在进行语文教学辩证思维的训练时，应该引起重视。

1. 对立统一思维训练

其一，辩证思维是对客观事物的矛盾运动的反映，辩证思维规律受到矛盾运动规律制约。事物矛盾运动的根本规律是对立统一规律，它揭示了事物变化发展的源泉与动力，是整个宇宙的根本规律。质量互变规律、肯定与否定规律等，都可说是对立统一规律的具体体现。

其二，列宁曾指出："统一物之分解为两个部分以及对其矛盾着的各部分的认识，是辩证法的实质。"列宁所指"统一物之分解为两个部分"即客观辩证法，对事物"矛盾着的各部分的认识"指主观辩证法，即辩证思维。一切辩证思维的共同特征，都是应用对立统一的思维方法或思维规律去认识事物。为什么有的人具有很强的思维能力呢？就在于他们能掌握对立统一的规律，从根本上理解和把握思维对象的辩证运动的发展。

其三，在辩证思维的过程中，对立统一规律担任着统帅的职务，辩证思维的形式、方法和其他规律都得听它指挥。比如辩证思维中的概念，是确定性与变动性、个性与共性、局部与整体的对立统一；辩证思维中的判断，在揭示概念内容的过程中，也必然体现出对立统一的关系；辩证思维的推理，从矛盾一方推知另一方、从个别推知一般、从现在推知未来，同样体现出思维在对立中的运动。

再从辩证思维的方法来说，归纳和演绎相结合是对事物个性的认识和对事物共性认识的对立统一；分析与综合相结合是对事物部分的认识和对事物整体认识的对立统一；从具体上升到抽象是思维具体和思维抽象的对立统一；逻辑和思辨相一致，是主观与客观、理论与实践的对立统一。由此可见，对立统一思维规律，是辩证思维的形式、方法得以形成乃至构建辩证思维训练体系的内在根据。

2. 质量互变思维训练

这条规律是对立统一规律的具体体现。事物不仅有质的规定性，还有量的规定性，我们要学会用质量统一的观点去分析事物。同时，还应懂得事物内部矛盾着的双方互相斗争，可以引起事物不断由量到质、由质到量的变化。认识事物量的积累到一定的程度，就可引起质的变化，学习用量变与质变统一的观点去分析事物。

（1）质量统一思维训练

课文中反映质量关系的内容很多。如叶圣陶《两种习惯养成不得》，先说好习惯，就有个量的积累过程。"在没有养成的时候，多少要用一些强制工夫，自己随时警觉，坐硬是要端正，站硬是要挺直，每天硬是要洗脸漱口，每事硬是要有头有尾。直到习惯成自然、不待强制与警觉，也能行所无事地做去，这些就是终身受用的习惯了"。有了这样的习惯，就证明量的积累引起了质的变化，质与量就统一起来了。再说坏习惯的养成，也有个量与质的统一过程。

（2）量变引起质变思维训练

量变引起质变的内容，在中学课文中也很多。就以《劝学》为例，文章首先阐明学习的意义：学习可以改变人的本性，"君子博学而日参省乎己，则知明而行无过矣"。这"博学"与"日参省"就有个量的不断变化过程，这变的结果是达到"知明"与"行无过"的道德修养的境界，这就发生了质的变化。

3. 肯定与否定思维训练

这一条也是对立统一规律的具体体现。唯物辩证法认为，肯定一切、否定一切都是错误的；只能肯定应当肯定的，否定应当否定的。这就必须学会用一分为二的方法分析事物。

4. 事物的个性与共性思维训练

这一训练主要帮助学生认识同中有异、异中有同的道理，学习从事物的个性与共性的相互关系上分析事物的方法。个性与共性的思维训练，可结合课文导读、作文讲评、写电影戏剧评论等方式进行。

5. 事物的矛盾与转化思维训练

矛盾存于一切事物发展的过程中，每一事物发展过程自始至终存在矛盾，要训练学生用矛盾普遍性的观点分析事物。

矛盾存在着特殊性，同一事物在不同的发展阶段上具有不同的特点，要训练学生对具体的矛盾进行具体的分析。在众多的矛盾中，必有主要矛盾，要训练学生认识主要矛盾与次要矛盾的关系。要抓住主要矛盾分析事物。事物的矛盾还存在着主要方面与次要方面，要训练学生认识其中的辩证关系，学习用全面的观点分析事物。矛盾，在一定条件下可以互相转化，要训练学生用矛盾可以转化的观点分析事物。

（1）矛盾特殊性思维训练

矛盾的特殊性，也必然寓于矛盾的普遍性之中，是矛盾的特殊性与普遍性的辩证统一。

（2）主要矛盾思维训练

俗话说，牵牛要牵牛鼻子。认识纷繁复杂的事物就要抓住主要矛盾，处理好主要矛盾与次要矛盾的关系。对此，教师可给一些材料，让学生抓住其中的主要矛盾进行评议分析。

（3）矛盾主要方面思维训练

事物的矛盾存在主要方面和次要方面，要教育学生，正确认识这二者的辩证关系。金无足赤，人无完人。巨人也有缺点，但有缺点的巨人还是巨人，这就是抓住了事物的主要矛盾方面。

（4）事物的矛盾转化思维训练

矛盾都存在着主要方面与次要方面，主要矛盾与次要矛盾。矛盾的主要方面与次要方面，主要矛盾与次要矛盾，在一定条件下，是可以互相转化的。

6. 分析与综合思维训练

从唯物的观点看，大千世界的任何事物都是多样性的统一体，语文教学正是这种统一体的多样性的再现。在语文学习中，为了认识事物的本质属性，需要对文章的各个部分进行分解，研究各部分的性质，揭示部分与部分、部分与整体之间的关系，从中看出这些部分是怎样为表达中心服务的。这种经过分解认识事物的思维形式，我们称为分析思维。

在分析的基础上，还要把文章的各个部分进行综合，从整体上去把握文章、把握语文知识，这样才能掌握文章的精神实质。这种思维过程，叫作综合思维。分析与综合既有区别，又有联系，在读写活动中，一般不能截然分开，故经常结合起来研究其思维训练。

议论文的分析与综合，从一般模式来讲，要经历提出问题、分析问题、解决问题的过程。但每一篇议论文的分析与综合，又有特殊的内容及表现内容的一定的语言形式。

7. 比较思维训练

这是确定事物相似点与不同点的辩证思维。通过对事物差异、正反、变化等比较，使我们更深刻、全面地认识事物。各种文体均可作为比较思维训练的材料。必须在阅读教学过程中，进行有计划的练习，从而提高学生的比较思维能力。

8. 递进思维训练

顾名思义，递进思维属于由此及彼、由表及里、环环紧扣、层层深入、循序渐进的辩证思维。递进思维的思路发展，一般是沿着事物的内在联系，遵循人们认识由感性到理性，由浅入深，由此及彼的思维活动规律，或逐层深入地触及事物本质，或由近及远地步步横向扩展。在这条或纵或横的思路线上，思维步骤一般体现在分论点上，思维联系可用承接、过渡性句、段为之。

9.多侧面思维训练

矛盾着的事物往往存在着各个侧面，每一个侧面各有特点，要引导学生学习多角度地分析事物、分析问题。

进行多侧面思考不是漫无目的的，当选准了一定的目标、方向，就要深入、执着去思考，去研究。就写作来说，要博闻强记，善观察与联想，才能从一定的侧面入手，写好文章。

综上论述，辩证思维是语文学习的重要基础，只有加强辩证思维训练，才能纠正学生在听说读写活动中表现出的片面性、表面性、直线性和绝对化等思维缺陷，才能使学生的思维日渐广阔、深刻、全面、灵活、严密，才能使创造性思维的发展具备必要条件和良好基础，也才能使学生的思维发展适应"新四化"的需要。

四、灵感思维与语文教学

灵感是人类创造性认识活动中一种非常神奇美妙的精神现象。灵感激发仍自觉或不自觉地在语文教学中发挥作用。灵感作为人类一种高级的创造活动、思维活动、心理活动，不管其表现形态多么复杂、激发机制多么奇特，总是有规律可循的。研究这些客观规律，将有助于通过语文教学，诱发学生的灵感，培养、发展学生的创造才能。

（一）灵感的含义

灵感是人们的主观世界与客观世界最愉快最敏感的邂逅，是人们的思维活动由量变到质变所产生出来的高度的创造能力。灵感是思维的一种突发现象，是思维活动的一种客观存在。离开对客观世界的"吸入"，就无所谓灵感。

（二）灵感的特点

1.突发性
灵感可由外界偶然机遇触发，也可由大脑内部思想闪光激发，这一切，都是人们事先不可预料的。

2.奇异性
灵感来无影去无踪，不能预期，难以寻觅，无论是外界事件的触发，还是内在思想的闪光，都不是自觉的。

3.综合性
综合性是灵感的本质特征之一，灵感激发系统的心理机制就根植在人脑的综合功能之中，具体来说，灵感与随同人类进化史形成的遗传因素有关，也与一个人的多才多艺、明白事理、知识积累、形象思维、理性认识等活动有关，因此它是综合性的。

4.不重复性

灵感活动是发生在认识的高级阶段上的心物感应活动，是主观的脑与客观的物在特定条件下的一种突然沟通。每个人所处的环境，所碰到的外界机遇、自身的心理生理特点都不完全相同，所以让50个同班同学在同一环境下，在灵感袭来时歌颂校园的春花，不让他们急于落笔，而让他们在情绪激动、非常想写的时候才写，结果50篇作文都各有特点。

5.跳跃性

创造性灵感是智慧在摆脱了一般的抽象思维的束缚下突然跃出的，它不是一种循序渐进的认识，而是在跳跃性的突变认识中实现的。

6.模糊性

灵感的心理活动以直觉、情感、潜意识活动等方式综合地表现出来，与大脑右半球有更多联系，因而具有模糊性的特点，有利于唤起人们丰富的联想，促成灵活的新形象、新观点的形成。

7.强烈性

这一特性，集中反映在文艺创作之中。灵感可以说是文艺家、诗人心灵的巨大震动。它使文艺家、诗人处在极度兴奋的状态，当灵感来潮，甚至忘了自我，也忘了周围的世界。

作为语文教师，应因势利导，拨亮学生的灵感之光，让学生全身心地去拥抱灵感，不失时机地谱写出优美动听的青春之歌。

（三）灵感激发三阶段

从灵感激发过程的实际着眼，大致可分为信息摄入、信息触发、顿悟贯通三个阶段。

1.信息摄入

一般说来，学生在课内外的学习活动中，有较明确的目的性，这种信息的摄入，属于显意识的摄入。但学生在节假日，或下河游泳，或登山观日出，或跳舞唱歌，或联欢聚会，或欣赏优美动人的文艺演出，情不自禁地受到自然美、社会美、艺术美的陶冶。这种陶冶具有"随风潜入夜，润物细无声"的特点，因此就摄入了大量潜意识的信息。一般说来，左脑更多地参与了属于抽象思维方面的显意识活动，右脑是直觉思维、求异思维、空间知觉以及艺术欣赏等，是潜意识活动的天地。显意识与潜意识虽然是人脑的两个不同思维系统，但因都要进行信息摄入与输出活动，这就具有了共同的特点，而且这二者之间还相辅相成，相互转换，互为表里。大脑摄入的显意识多了，在记忆仓库里储存起来，就可能不断转化为深层次的潜意识；相反，潜意识也可因一定的原因而向显意识转化，以至突然爆发，就出现了灵感。

2. 信息触发

一般说来，灵感的发生，不能坐等现成，而要主动去寻找获取。

诱发灵感的关键是触发信息的有效性。信息触发来自两个方面：一是大量来自外界的信息，二是来自自己头脑中的内部信息。二者交融，往往就成了触发灵感的信息。但信息触发的具体情况则因人而异：有的在写作过程中，全神贯注，如痴如醉，往往会获得触发灵感的信息。如在考场上，作文时间很短，那些优秀试卷中的作文，常有灵感之光闪现，这是在全神贯注的情况下产生的灵感。平时写作，虽也全神贯注，但并不一定能获得触发灵感的信息。在百思难以寻觅灵感踪迹的情况下，间歇的休息、娱乐，往往还会召唤灵感一下到来。

3. 顿悟贯通

顿悟贯通是指触发灵感的信息出现后，脑子里与创作灵感有关的信息就迅速集中，并使潜意识与显意识同步合一，闪现的灵感之光，一下使作者悟出了贯通其中的意义。

（四）灵感思维训练

1. 通过特定事物启迪灵感

可以是人们在丰富的生活体验基础上，在酝酿、孕育阶段由其他事物的启迪而出现的。

2. 学习新的思维方式

学生在作文中为什么会出现千人一腔、万人一调的被动局面？这和局限于一种固定不变的思维方式有关。如果被固定不变的思维方式束缚，灵感就会枯竭。只有不断用新的思维方式训练学生，灵感才会畅通。

3. 善于捕捉灵感的训练

灵感具有突发性、不重复性，所以，要对其保持高度敏感，敏捷地、不失时机地捕捉住这稍纵即逝的心灵的闪光，以供写作之用。

4. 学生的灵感则要靠教师启发

有位老师为了激发学生的灵感，引导说，古人所谓"山之精神写不出，以烟霞写之；春之精神写不出，以花树写之"。在老师的启发下，学生开始从自己的生活实践中去寻找意境，捕捉形象：青年人在松树前的留影，井下煤块上留存的枝叶印痕，一下在脑海里活跃起来，灵感也随之出现了，唤起了生动丰富的联想。

5. 语文教学中一些训练捕捉灵感的具体方法

（1）专注法

指摒除杂念，全神贯注，集中思考，终于爆发灵感的方法。《蝉》的作者法国昆虫学家法布尔，一生忘我研究昆虫，写下《昆虫记》一书，《蝉》这篇课文节选自《昆虫记》。教学时应告诉学生，如果蝉没有执着的追求，就享受不到刹那欢愉；如果作者没有坚持不懈的努力，就写不出这种像散文诗一样优美的语言。我们只有全神贯注地学习、积累，才会厚积薄发，在需要的时候，涌现灵感。

（2）选择法

学生的生活、知识积累有别，心理素质各异。若在学期结束或开学时，将数十道自由作文的题目及写作指导印发给学生，学生就有了更多的自由去选择时间与空间，就可有目的地到书山学海去采佳蜜，到生活的矿区去发现优质矿。如此去发现、酝酿、构思，必然在习作中，充满了灵感。

（3）放松法

写不出来的时候硬写，必然敷衍成篇；百思不得其解的时候煞费苦心，绞尽脑汁，效果并不见佳，那就干脆放松一下，或唱歌跳舞，或学习其他功课，或干脆睡上一觉，灵感这不速之客，必然在你精神疲劳消除之后，像春风吹绿原野般闯入你的思潮。很多同学，都有此切身体验，也就无须举例了。

（4）轮流法

就是将专注法、选择法、放松法交替使用，往往会使灵感之花常开不败。

（5）点化法

学生写作，有时思路受阻，颇有"山重水复疑无路"之困惑，何谈灵感！这就要靠教师的点化。经常这样点化，学生在课内外阅读与社会交往中，就可能由于某种闪光的思想或事物的点化、提示作用，而触发创作的灵感。

（6）情境法

在语文审美教育中，教师有意创造一种气氛、一种情境，在这种气氛、情境的触发下，学生头脑中有关的创作素材，包括沉积在潜意识中的信息，会十分活跃地随灵感一道涌现出来。

灵感思维训练，还处在摸索阶段。可以设想，我们如果能通过科学的教育方式，把学生的灵感激发起来，就能使学生的创造才能得到更好的发展，将来就可能在向科学文化进军的道路上，做出更多的贡献。这就是为什么我们要在语文教学中提倡灵感思维的训练。

五、直觉思维与语文教学

直觉思维与灵感思维都是非逻辑的思维形式，它们对客观事物的反映与认识，都是突发式的、非自觉的，往往是突变式的发现与发明，但它也要以知识、经验和其他思维发展为基础。

（一）直觉思维的含义

直觉思维是在早已获得的经验、知识的基础上，凭思维的"感觉"直观地把握事物的本质及其规律的心理过程。直觉可分为艺术直觉与科学直觉，二者的区别主要在感情方面，但都能迅速检验抽象思维的能力。

（二）直觉思维的特点

1. 整体性

直觉思维具有整体性特征，它是综合的而不是分析的，它侧重于从总体上把握认识对象而不拘泥于某个具体细节。在科学创造活动中，对研究对象进行整体把握是非常重要的。因为在知识经验的基础上提出某一具有创新性的理论或思想时，不可能对未来的新理论的细枝末节考虑得非常清楚，也不可能对日后的实验验证或逻辑论证设想得很周到，所以在创新的开始阶段只能对事物进行整体把握。如果一开始就陷入暂时无法解决的枝节问题，支离破碎地去考虑问题，而缺乏对问题的整体把握，那样就很可能在细枝末节的问题中迷失方向，使当初的新奇思路被淹没掉，最终失去创新的灵感。

2. 非逻辑性

这是直觉思维的又一特征。直觉思维往往是凭着对事物直接的觉察，所以思维就不可能按照严谨有序的抽象思维的规律进行。而往往是凭一个人的经验，所掌握的科学知识、艺术修养，敏捷的观察力，迅速的判断力，越过逻辑程序，一下获得了思维的结果。由于主体的认识来得迅速，因而在客观上对所进行的过程无法做逻辑的解释，即使这种认识是正确的，这种直观是可贵的，也说不出个所以然。

3. 潜意识性

直觉思维除了显意识的活动外，更多的时候，还是一种潜意识的思维活动。也就是说，有时它不是人们意识到的自觉的思维活动。

潜意识与显意识并非有一条不可超越的鸿沟，事实上，潜意识就是有意识或显意识的反映。因此直觉思维的这种潜意识特征，乃是显意识渐进性的中断。这种中断，往往酝酿着、潜伏着新的突破。直觉思维活动中的潜意识，一旦与中断后新出现的显意识交融，其思维活动，就可能取得突破性进展。

4. 飞跃性

直觉思维的产生绝非像抽象思维那样有条不紊地循序渐进，而是灵活地、敏捷地、突发式地、跳跃式地到来，鲜明地体现出它那飞跃性的特点。当直觉思维到来的时候，潜意识中的认识倾向、情感倾向，就会立刻与显意识沟通，瞬间获得直觉思维的满意的结果。

（三）直觉思维过程

1. 准备酝酿直观感觉

感觉，是人对客观事物个别属性的反映，是直觉思维的必要准备。

2. 触发直觉形成知觉

知觉是人在感觉基础上，对客观事物的整体属性的反映。但从审美知觉来看，它应当是这些感觉的个别特征的综合反映。现在，直觉思维能力在许多国家的教育中受到重视。

3. 综合思考发展表象

第二层次的知觉形象，较之第一层次的感觉形象，虽然不是对事物个别属性的反映，而是对事物整体属性的反映，但毕竟带有反映的特征。而表象形象，已带有综合概括的特征了，进一步深入发掘，则进入了文学艺术的典型形象的创作过程。

表象指的是人在曾经感知过的事物的基础上，进一步形成起来的形象。客观事物可以不在眼前，但通过一定的符号，如文字、语言等在人的头脑中，综合再现出的形象，就是直觉表象。

由准备酝酿、直观感觉，经触发直觉、形成知觉，到综合思考、发展表象，就是我们对直觉思维过程的初步理解。

（四）直觉思维能力训练

1. 直觉观察能力训练

（1）由物景到情景

这属于直觉观察能力训练阶段，主要培养比物连类、触景生情的直觉观察的灵活性。其主要目的在于根据作文需要，把直觉思维引向一定的对象，使观察成为独立的主动的直觉过程。

（2）由景物到人物

这一阶段直觉思维的培养，主要把对景物、环境、人物的观察描写结合，开拓观察范围与直觉感受的广泛性。观察的范围包括事物的总体、过程、意义与特征。总体，指从运动中观察事物之前，要对事物的概貌、轮廓有个总的直觉印象。要注意观察它的各个部分的组合是否和谐、匀称、合理，以获得较准确的直觉印象，这是认识事物的开始。过程，指要从运动中观察事物。意义，指通过观察揣摩隐藏在事物背后的社会价值。特征，就是要对人与事物的差异、个性进行观察。

（3）由人物到社会

学生有了一定的生活与写作经验积累，就可进行由人物到社会的多侧面观察。中学生由人物到社会的直觉思维能力训练，最好结合学生熟悉的生活进行，以便收到更好的效果。

2. 直觉间歇思维训练

实践证明，我们在阅读与写作中，先对需要解决的问题进行一段时间集中精力的思考，伴随着对解决有关问题的强烈欲望，再休息一段时间，或进行其他学习，或做其他工作，或尽情玩一番，恰恰是在这个间歇时候，凭突然到来的直觉，使无法解决的问题一下子就获得了解决。

当然，有时候歇了较长时间，所需的直觉并未出现，这不足为奇，原因在于直觉的出现涉及主客观的诸多因素，有的出现快，有的出现慢，有的要经过循环往复的工作学习与间歇方能出现。

3. 直觉艺术思维训练

艺术是通过个别特定的具体形象来表现现实的本质、典型的矛盾冲突，形象揭示所表现情境的内涵。艺术家创造的艺术品，是人的情感生活在时间和空间上的双重投影，它既影响人的情感，又影响人的理智。这种影响，有助于直觉的出现。因此，为了培养学生的直觉思维能力，我们应通过语文教学中的文学艺术教育，适当地引导学生进行艺术实践。全国蓬勃开展的语文第二课堂活动，对培养中学生的艺术直觉思维能力起到了良好的作用。例如中学语文教材中，有些情节较为生动的小说，适宜改编为话剧，举办"把课文搬上舞台"的课外活动，有利于普及话剧知识，有利于培养艺术直觉思维能力。

4. 直觉随记思维训练

直觉是一种突如其来的心理现象，它产生的影响是"爆发性"的，顷刻之间"涌上心头"。因此平时应教育学生，随时随地捕捉自己的直觉，并记录下来。要是不记，直觉的内容会很快淡忘，或者淡漠化，就不可能对自己产生多大影响。有的作家、诗人、发明家，随身带着笔和本子，随时将直觉记下，这对以后的创作或发明将极有用处。

六、创造性思维与语文教学

语文教学要"面向现代化，面向世界，面向未来"，必须在教给学生语文知识的同时，对学生进行创造性思维的培养与训练。

（一）创造性思维的内涵

创造力是指人们具有的从事创造活动的能力。创造力是在丰富知识经验的基础上逐渐形成的，它不仅包含敏锐的观察力、精确的记忆力、创造性思维，而且还包括一个人的心理品质、情感、意志特征等。因此，创造力是在人的心理活动的最高水平上实现的综合能力。

创造性是指思维活动或者体力活动具有的创造活动的特点或倾向，或者这些活动的产品带有的一定的独创性。判断中小学生的创造能力，不能脱离他们现有的经验与知识水平。

创造过程是指创造性产品的产生过程，它包括：准备、积累，酝酿，灵感、顿悟，完善、表达，实践检验等五个阶段。这是从全社会的角度来理解的创造过程。教学活动是一项全新的创造活动，不容忽视。现代教学论特别重视的正是学生在自己的知识和经验水平上进行的创造性活动，或进行具有创造性活动的倾向。对这种活动与倾向，语文教师应善于加以正确的引导。

创造性思维是"以解决科学或艺术研究中所提出的疑难问题为前提，用独特新颖的思维方法，创造出有社会价值的新观点、新理论、新知识、新方法等的心理过程"。创造性思维是一个多层次的思维系统。它是以不同层次的知识信息、不同智力水平为基础建立起来的不同层次水平的新价值系统。知识和智能高低不一样，个体心理素质不相同的人，在创造活动中表现出的创造性也不一样。

（二）创造性思维的特征

创造性思维的特征主要是：积极的求异性，洞察的敏锐性，想象的创造性，知识结构的独特性，灵感的活跃性。

1. 积极的求异性

所谓求异，就是关注现象之间的差异，暴露已知与未知之间的矛盾，揭示现象与本质之间的差别的一种思维，即从多方向、多角度、多起点、多层次、多原则、多结果等方面思考问题，并在多种思路的比较之中，选择富有创造性的异乎寻常的新思路。

2. 洞察的敏锐性

洞察是知觉和思维相互渗透的复杂的认识活动。在洞察的过程中不断地将观察到的事物与已有的知识或假设联系起来思考，把事物之间的相似性、特异性、重复现象进行比较，发现事物之间的必然联系，获得新的发现和发明，这也是创造性思维所具有的特征之一。

凡是创造力高的人，必然对客观世界具有高度的敏感，心理经常处于高度积极的觉醒状态，经常发现和提出具有现实意义的新问题，并着手去解决问题。因此洞察的敏锐性是创造性思维得以形成的重要心理特征。有了洞察的敏锐性，在语文学习中就能进行积极、周密的思考，对问题正确判断，迅速得出结论。

3. 想象的创造性

创造性思维始终伴随着创造性想象。创造性的想象，能不断改造旧表象，创造新表象，赋予思维以独特的形式。想象有时难免带上种种主观预测、虚假和错误成分，但它却是由感性认识上升到理性认识不可缺少的环节。

4. 知识结构的独特性

举凡科学文化教育的创新，皆建筑于既有知识结构之基础上。而创造性思维的新成果，又是对已有知识的突破与创新。故创造性思维与已经掌握的知识密不可分。然而知识与创造性思维能力又各有其内涵。因为创造性思维能力，包容着诸多因素，不仅需知识提供必要的内容，还需知识上升为思想因素与智力因素。否则知识就会成为死板的、凝固的、束缚创造力的桎梏。一般说来，良好的知识结构包括扎实的基础知识、精深的专业知识。

5. 灵感的活跃性

从创造性思维的角度讲，灵感作为一种综合性的突发的心理现象，是人脑以最优越的功能，加工处理信息的最佳心理状态的体现。灵感往往能突破关键性的问题，使兴奋的选择性泛化得到加强，造成神经联系的突发性接通，使思维空前活跃。语文教学的实践证明，那些创造性思维发展较好的学生，灵感思维也较活跃。

（三）创造性思维过程

创造性思维的过程一般可分为准备阶段、实施阶段和成功阶段三个部分。

1. 创造性思维过程的准备阶段

创造性思维过程的准备阶段是指在未具体进入创造过程前所进行的主观与客观条件的准备，主要包括以下几个方面的准备：

（1）一般知识与专业知识的准备

就中学来讲，各科知识形成一个大的基础系统，语文是这个基础系统的基础。如果语文知识不扎实，其他学科也很难学好，创造性思维能力也不可能得到很好的发展。任何做学问的人都曾有过这方面的感受。要发展学生的创造性思维能力，必须拓宽他们的知识面。

（2）一般技能与专业技能的准备

一般技能指听说读写的一般语文能力和进行创造性思维的起码条件，如记忆力、想象力、分析力、综合力等，都是一般技能。与语文这个专业结合起来则成为专业技能。这一切结合起来，就构成了学生语文学习的素质。

（3）理想、个性与心理的准备

要为"新四化"大业做出创造性贡献，在中学时代就应树立崇高的理想。崇高的理想犹如灯塔，可以照亮创造之路。崇高的理想是强大的动力，可以推动学生战胜困难与挫折，不会因升学考试失利而走向沉沦。

2. 创造性思维过程的实施阶段

进入具体创造阶段遇到的问题是：创造什么？怎样创造？首先是确定方向、总体设计。确定方向要考虑诸多因素：自己的特长、爱好、条件，应扬长避短，找到自己的恰当位置。总体方向确定后，应选择好具体的课题。选择课题要进行多方面的可行性分析，考虑好相应的方法。

还应学习有关资料，避免无效劳动，保证创造活动的顺利进行。资料要准确可靠，哪些该用，哪些不该用，师生可共同研讨。

在创造过程中，会有障碍、困难；主客观方面都存在有利与不利因素，应利用有利因素，克服不利因素，争取创造的成功。

（1）在质疑、研讨中创造

创造，须在前人认识的基础上有所前进与突破，教师应善于启迪学生，在质疑、研讨中碰撞出创造性思维的火花。

（2）在分析、综合中创造

综合分析是思维能力的核心。通过分析，可以进一步认识事物的基本结构、属性和特征，可以分出事物的表面特性和本质特性，深化认识。通过综合，可以完整、全面地认识事物，认识事物间的联系和规律。创造性思维就建立在这种抽象思维的基础上。

（3）在发散中创造

创造性思维是发散性思维与聚合性思维的有机结合。发散须求异，它要求不依常规，寻求变异，从多方求索答案，以避免考虑问题的单一性，使思维不致僵化。发散思维具有流畅、变通、独特三大特征。

3. 创造性思维过程的成功阶段

积极的创造性思维，能取得可喜的收获。就教的方面讲，要通过对创造性思维能力的测试来加以检验，有哪些收获，存在什么问题，以利改进教学；就学的方面来说，通过测试也能明白自己的长处与不足，有利于正确地自我评价，有利于创造性思维能力的进一步发展。

（四）创造性思维训练

1. 思维灵活性训练

思维的灵活性可以从不同角度、不同方面，用多种方法思考问题来进行训练。此外，还有多种表达方法的训练、一题多做的各种设计等方面，来反复训练思维的灵活性。

2.想象能力训练

（1）再造想象训练

根据某些描述（图像的、语言文字的），在头脑中构造出活灵活现的，但又从未见过的事物的形象，如教学《故乡》，要求学生根据课文对闰土的形象进行描述，要在脑子里浮现其形象，仿佛真的看见了闰土一样。

（2）创造想象训练

根据已有的表象，在头脑中构造出前所未有的新形象。要进行创造想象，必须储备丰富的表象，必须善于分析综合。

想象训练的方式很多，下面介绍几种：

第一，类比想象。由此一类事物想象与之相似、相关的另一类事物。"此一类事物"较实，"另一类事物"较虚，具有由浅入深的特点。

第二，因果想象。由事物的原因，想象事物的结果；或由事物的结果，想象事物的原因。

第三，辐射想象。由一事物作为触发点，向四面八方想象熟悉的生活与知识领域。

3.发散性思维训练

发散点包括材料、结构、形态、组合、方法、因果、关系诸方面，训练的目的是发展思维的流畅性、灵活性、新颖性。

（1）材料发散训练

以某个物品作为"材料"，以此为发散点设想它的多种用途。

（2）形态发散训练

事物有多种形态，如形状、颜色、声音、气味等，以此为扩散点，设想出利用某种形态的各种可能性。

（3）组合发散训练

以某一特定事物为发散点，尽可能多设想，与另一事物联结组合之后，所产生的新事物新价值的各种可能性。

第二节 语文教学的思维训练

在人的智力结构中，居于核心地位的思维，是整个智力活动的最高调控者。如果思维不能积极参与智力活动，知觉会缺乏理解性，记忆变成了机械重复，想象也难对表象进行加工，写作创新将是一纸空文。

语文基本训练包括教师的训导和学生的练习，两个互为因果的方面，有目的有计划地贯穿于语文教育的全过程，但一切语文基本训练无不是在思维指导下进行的。故思维能力的培养与发展，是语文课诸因素的核心因素，是语文课的本质。抓住了思维能力这一主要矛盾，就可带动各项教学任务，解决语文课中的各种矛盾。

根据不同的标准，可以划分出多种类型的思维，语文教学思维训练，应积极发展多种思维，如形象思维、抽象思维、直觉思维、相似思维、辩证思维、创造性思维等，通过这些思维的训练，提高学生多种思维的能力。

一、阅读思维训练

阅读能力的核心是阅读中的思维能力。阅读过程始终充满积极的思维活动。同样一篇课文，有的学生读了不知所云，有的只记住内容大意，有的能融会贯通、深刻理解、恰当评价。能否在阅读中积极思维是造成这种差异的主要原因。阅读思维能力主要体现在阅读理解与评价上。

阅读理解既是思维过程，又是思维结果，是阅读思维能力的重要表现。阅读理解是指运用已有的知识与经验，将感知的新信息、新材料联系起来，通过联想、想象、判断、推理等思维活动，去把握阅读材料的内在联系与本质意义。

学生的语感能力，正是在阅读理解与评价的过程中逐步增强的。

当然，阅读理解，还须在认读感知的基础上进行，在阅读理解与评价的基础上，还有运用能力的培养，均离不开思维活动。

此外，在阅读训练中进行思维训练，还要激发学生的阅读兴趣，使学生集中注意力，处于积极思维的状态，审美情感就自然渗透其中了。这样，才能借助恰当的思维方法，在阅读练习中，能动地进行想象与联想、分析与综合、抽象与概括、归纳与演绎、评价与运用。阅读的时间与质量，应严格要求，要有一定的量和度的规定，并适当提高阅读难度，使学生思维达到一定的强度。如要求学生在 20 分钟内浏览一张报纸，之后能向老师与同学清晰地说出报纸的主要内容。通过一定的训练，一般阅读水平的中学生，是可以达到这一量与度的要求的。

二、写作思维训练

写作是反映社会生活的复杂思维过程。从材料收集、主题提炼、内容安排，到语言选用，都离不开思维。

首先，立意的优劣，往往是文章成败的关键。立意要看是否揭示了事物的本质，揭示了文章的思想意义。这就须在收集材料的基础上，反复思考，认真分析，抓住事物的本质，才能做到深入开掘。

其次，文章的结构，也是鉴别其优劣的标准之一。所谓结构，是指文章的布局谋篇，它要反映客观事物的内在联系及发展规律，通过作者构思在文章中得到反映。这里有方法与技巧问题，但关键在思路。

最后，运用语言的能力是衡量写作能力的重要标志。文章的用语要准确，又有赖于思维的明晰。

在语文教改中，不少教师经多年试验，创立了作文思维体系。他们的构想是：明确创立背景与依据，遵循科学的原则，设计合理的体系模型，进行科学的思维训练。其共同特点在于注意了思维训练体系的整体性、层次性、开放性、适用性。

三、听话思维训练

《语文大纲》所规定的听话思维能力训练，集中在初中阶段。

初一年级：听人说话，能集中注意力，听清楚意思。初二年级：听别人说话，能够分析、理解其用意。初三年级：参加讨论，能听出不同的意见和分歧所在；听议论性讲话，能把握住对方的观点以及持这些观点的理由。

根据《语文大纲》的规定，提出如下思维训练序列：

从培养良好的听话思维习惯入手。集中注意力是听清别人讲话内容的首要条件。进行听话思维训练，要训练学生的听知注意力。听知活动是听话人借助听觉分析器官，在思维的参与调控下，接收、理解、吸收口头言语信息的过程，也是听者把说者的外部言语转化为自己内部言语的过程。要促成这种转化，务必使大脑中枢神经形成"优势兴奋中心"，产生有意注意的意向。因为听人说话，稍纵即逝，要很快听懂对方的话语，并能很快把握住话的主次，分清是非，品评好坏，理出条理，筛选出急需的信息，没有高度的注意力和科学的思维是不行的。

训练学生的"听知注意力"，要求学生开动思维器官，依靠意志力，排除干扰，集中听觉于说者传输的信息，及时抓住声波，敏捷地在头脑形成清晰的印象。这就要端正听话态度，明确听话目的，养成良好的边听边思考的习惯。如听课听报告，主要是为了获取知识；听人谈话、听讨论发言主要是为了沟通思想；听演唱诵读主要是为了鉴赏；等等。目的明确，又认真思考，就会主动排除干扰，使注意力集中，久练成习，效果必佳。检验"听知注意力"最基本的方法，在于是否听清了说话者的意思。这包括四方面的内容：

第一，正确感知语音，听清每个音节，听清音近字和同音字，要能通过积极的思维活动，按上下句语意，说话场合，准确判断、识别话语的语调、重音、停顿是否准确，并体会说话者的感情色彩。

第二，通过积极的思维，听清说话的内容。如凡属叙事性说话，注意把握事件发生的时间、地点、人物、事件、起因、经过、结果，并分清叙述的事实与说者的评论；又如说明性谈话，要认真通过思考，把握被说明事物的特点与结构，并思考其科学性与实用性。

第三，在听话中培养敏捷的思维能力。学生善于感知外界的语言信息，应进一步通过思维理解外界语言信息的含义。如理解话语中心，谈话目的，说话人的感情，话语的深刻含义；有无通过一定的修辞手段和语言艺术表示的弦外之音、言外之旨；等等。这一切都要靠对言语的"听知理解力"与思维的敏捷力通力合作、协同攻关。在这过程中不仅能提高学生听知理解言语的水平，也会逐渐使其养成分析思考问题的良好习惯。

第四，独立思考，训练听话鉴别力。客观事物的丰富、复杂，决定了人们对它的认识必然是"横看成岭侧成峰，远近高低各不同"，在层次与角度等方面存在差异、距离。在学习生活中，我们常常会碰到说话人的观点、态度有时能引起听者强烈的共鸣，有时并不完全一致，有时因大相径庭而反感。这就要求听者对接收的话语通过思维加以分析：说话者的目的动机是什么？观点是否正确？用了一些什么事实和道理来支持他的观点？这些事实与道理是否符合客观实际？总之，只要是听议论性讲话，都要能听出话语的中心意思，说话人的观点，分析支持这些观点的理由与事实，方能对他人的议论获得准确的鉴别。在此过程中，也培养了听者的独立思考能力。

听话能力的训练方式很多，一般概括为随机训练与计划训练两类：

（一）随机听话思维训练

首先是听知，它包括辨音识义、理解句义语脉、概括归纳说话中心、理解寓意、比较多人发言的异同等思维活动。具体方式可分听想、听读、听说的训练。

"听想"，如各校开展的讲故事活动，听者在兴趣浓郁中侧耳细听，有利于培养语感与听力，发展联想与想象能力，拓宽听者思路。

"听读"，可听录音，听师生读。但目的应明确，教师应设计好听者回答的问题，由此培养学生的比较、鉴别、记忆、归纳等思维能力。

"听说"，可听一人讲，也可听数人围绕一个话题发言、讨论。教师应提出明确要求，让听者回答说话的要点、特点、优缺点等问题，由此培养学生注意倾听的态度，迅速反应、归纳、识别等思维能力。

其次是听记与听写。听记就是边听边记，包括记纲目、要点、重要内容、原话、边听边想再追记等方式。听写指按照听到的内容，进一步通过思维活动，写出要求的文字，如提要、梗概、说明、简介，乃至感想评论等。

（二）程序听话思维训练

这是指按《语文大纲》的要求，有计划地在听话训练中加强思维训练。训练应根据学生年龄与教材内容有计划地安排，结合阅读、说话、写作中的听话训练进行。

此外，还可进行专门的听话训练，其中包括听话过程中的观察力、注意力、记忆力、联想力、想象力、改变听话条件（指能适应较差的语言环境和声音条件的训练）、抗噪声干扰等训练。

四、说话思维训练

《语文大纲》对中学各年级的说话训练都提出了具体要求。说话能力是指运用口头言语表达思想感情的能力。思维水平的高低，决定了说话的逻辑性、条理性、言语的概括能力。

（一）说话能力这个综合体由三个方面构成

1. 组织内部言语的能力

人们说话，皆先想后说，边想边说，边想——就是靠思维来组织内部语言。思考"为什么说""对谁说""说什么"，这是取得好的说话效果的前提。

2. 快速语言编码的能力

人们说话的过程，就是把内部言语经过扩展进行编码的过程。其条件有三：一是必要的口语词汇储备，二是要掌握把词语按正确次序组合的规则，三是靠敏捷、灵活的思维来调控。

3. 运用语音达意表情的能力

人们说话是把内部言语加以扩展，编码为一定的语句，通过发音器官变成外部语言（有声语言），方能交际。说话人善于运用语音、语调、语速、语量的变化表情达意，就会收到动听的效果。这一切，同样要靠敏捷、灵活的思维来调控。

（二）说话训练可以通过如下方式进行

朗读、口头复述、看图说话、讲故事、口头作文、口头广播、口头解说、会议发言、演讲、致辞、口头问答、对话交谈、讨论、打电话、口头咨询、口头辩论、访问等，这些训练项目，都要靠思维来组织；反过来，说话训练又有助于思维能力的训练。说话能力的训练，可以说是一种最好的思维训练。首先，通过说话训练，学生增加了语言信息储备，也就是积累了思维原料，锻炼了快速选词组句的能力，有利于培养思维的敏捷性、准确性。其次，说话也是思维结果的反馈，有了这种反馈，可修正、补充思想，使之更符合客观实际。如有的语文教师，录下学生的即兴说话，再放给学生听，学生自己发现，凡说话结巴、停顿过长、颠三倒四，一定是思维混乱"短路"所造成的。最后，通过讨论、辩论等说话活动，可学习别人好的思维方法、思维模式，培养良好的思维品质。所以，说话与思维训练是相互促进的。

（三）说话与思维训练相结合的方法很多

如反面相激、两头分说、抑扬评说、试探发问、引喻比方、婉转迂回、留有余地、曲折答问、补救失言、摆脱困境、以牙还牙等。这些方法的使用，均须开动思维器官，寻找恰当的谈话契机，设法打开对方的话匣子，扣住思路、意向谈话；还要根据一定的场合谈话，方能取得好的效果。

中学阶段是学生养成良好听说读写习惯的重要时期，中学生正当青春年少，有了成人感。自我意识、思维品质都在受教育中发展，各种知识的学习，社会交际的需要，要求他们准确、连贯、流畅地表达自己的思想情感，如果语言和思维能力跟不上，说话写文章就会颠三倒四，词不达意；如果在听说读写活动中，受到粗鲁语、挖苦语、辱骂语的污染，不仅会养成说脏话的恶习，还会影响学生健康成长。

（四）语文教师要配合整个的学校教育

在培养学生良好的听说读写习惯的同时，言传身教，有计划地训练学生用优美的、符合规范的语言说话；切合实际、诚恳地说话，不说假大空的套话；有条理、有层次地说话，不胡言乱语；提纲挈领地说话，不啰唆拖沓；引人入胜地说话，使人感到生动、具体、亲切；不快不慢，随机应变地说话，使人感到机智聪敏；富有启发性地谈话，能开启思维的大门。这就是我们所追求的说话思维训练的理想境界。

第三节　艺术思维的内涵

一、艺术思维的概念

所谓艺术思维，具体地来说，就是通过创造具体生动的形象来反映社会生活和自然环境，并以美的感染力具体影响人的思想感情和社会生活的一种对世界的艺术掌握的特殊方式的思维活动。

严格来说，艺术思维属于"审美—艺术思维"。也就是说，艺术思维实际上就是审美思维。审美思维，实际上就是人类艺术形式化观念形成的一个标志。这种审美思维的产生，只有当人类的智力发展到一定水平时，艺术作为一种社会现象才能产生出来。也就是说，人类具有了形式化观念，他才具备了审美思维的能力，在这种思维的引导下，才能创造出具有真正艺术价值的艺术作品，而且在艺术创造的思维方式上也明显地打上了一种形式化的印记。

尽管原始人创造的艺术不能和我们今天的艺术作品相比较，尽管实用的目的还比较明显，但它是人类艺术思维产生的必不可少的阶段。

艺术作为审美的对象，艺术成为审美的对象，取决于人类审美思维的成熟。如前所述，真正意义上的审美思维必须具备的条件首先就是形式化思维的成熟。

原始思维也不同于文明人类的思维，它具有非理智性、非逻辑性和意象性等特征。原始人把物质生产和精神生产合而为一，所以他们的时代就不可能生产出真正意义上具有纯审美性质的艺术品。因此，艺术思维的真正产生是在原始社会瓦解、人类文明产生的历史条件下发生的。

二、艺术思维的特征

艺术思维有两个主要特征：第一个特征就是具有形象性和典型性。艺术是依靠形象（色、声、形、情等形象）的美来表现人们对社会生活的理解、情感、愿望和意志的，它按照审美的原则来把握、再现生动具体的社会生活，并用美的感染力来具体地影响社会生活。因此，艺术家在创作的时候，首先要考虑形象问题。如唐代诗人中，李白的《黄鹤楼送孟浩然之广陵》一诗，写别情就用了"孤帆远影碧空尽，唯见长江天际流"的诗句，把别时心情形象地写出，可谓情景交融；再如他的《劳劳亭》诗云："天下伤心处，劳劳送客亭。春风知别苦，不遣柳条青。"借春风有情来写离别之苦，说春风吹过而柳色未青，似乎有意不让人折柳枝送别。含情于中，形象生动。韦应物的《登楼寄王卿》诗："踏阁攀林恨不同，楚云沧海思无穷。数家砧杵秋山下，一郡荆榛寒雨中。"这也是通过对自然景物形象描写而抒发诗人居官自愧之情，读后令人似亲临其境。

艺术思维的生命力还在于它的典型性。艺术思维的典型不是某些个别具体事物的简单再现，而是概括和综合了客观事物和社会事物中的某些或某方面本质的东西。艺术形象越是典型，概括的范围就越是广泛，它的教育意义也就越大、越普遍。因此，艺术思维不同于道德思维和政治思维。我们评价艺术只能用美学标准，而不能简单地用道德标准或政治标准。

艺术思维的第二个特征是独创性与普遍性。美国当代著名美学家 H.闵斯特堡在《艺术教育原理》一书中曾经指出，科学的特征是关联，艺术的特性是孤立。艺术家是以孤立的心灵去观照对象，从而将对象从诸多联系中孤立出来。因此，艺术作品一经形成就不会有任何重复。具有独创性的艺术作品只有在"群籁虽参差，适我无非新"的生命体悟中才能获得。正如叶燮所说："可言之理人人能言之，又安在诗人之言之；可证之事人人能述之，又安在诗人之述之；必有不可言之理，不可述之事，遇之于默会意象之表，而理与事无不灿然于前者也。"

艺术思维同时还需要有普遍性，也就是要做到"人人胸中所有，人人笔下所无"。艺术必须具有"群体功能"和普遍可传达性，要能够"以一性一情周人情物理之变"。也就是宋人张耒所说的："夫诗之兴，出于人之情，喜怒哀乐之际，皆人之私意，而至大之天地，至幽之鬼神。"黑格尔曾说过，艺术是各民族最早的教师。艺术之所以对人具有普遍教育作用，不仅因为它在人类初期曾作为传授劳动经验、培养劳动技能的有效工具，而且还因为它能给人以美的享受、容易为人们所接受。艺术作为意识形态上层建筑，它的作用就在于为一定的经济基础服务。一般来说，反映先进的阶级和社会势力要求并为适应生产力发展要求的经济基础服务的艺术思维，必定对社会发展起到积极的推动作用；反之，则对社会发展起消极阻碍作用。社会主义艺术要求革命的思想内容和尽可能完美的艺术形式的统一，坚持艺术为人民服务、为社会主义服务的方向。但是，艺术思维具有历史继承性和人类共享性，所以，诸如莎士比亚的戏剧、歌德的诗、托尔斯泰和曹雪芹的小说、鲁迅的杂文等，都是全人类的精神财富和不朽的文化遗产，它们都具有永久的生命力。

三、思维与语言关系密切

只有人类才具有思维能力，人类的思维究竟起源于何时，至今尚无定论。不过，一般认为，"人类的思维运动迄今已越过了300万年的历史长河"。

思维虽然与环境、与实用的行动有关，但我们更不应当忽视的就是思维与语言的关系。劳动和语言相结合，既是人类起源和演化的推动力，更是由猿脑变人脑的原动力和人类思维起源的催化剂。思维与语言关系密切，这是中外考古学家和心理学家都肯定的一个事实。

语言对人类的发展关系巨大，连达尔文也认为，动物也有语言。既然如此，在这里，我们就有必要将人类的语言和动物的所谓语言区别开来。

譬如黑猩猩所谓的思维就始终停留在"前语言阶段"。事实上，黑猩猩连最起码的文化发展也无法达到。有些动物虽然也有手势语，但它们只是处在"情感性表达"和"社会情绪"的阶段。而人与动物的关键区别就在于人既有主观性表达，更有客观性表达，然而，在动物的各种活动中，没有证据表明动物达到了这个客观表述的阶段。

因此，我们可以断定，动物并不具备人类那种成熟的语言形式，但动物之间在进行情绪活动、智力活动、交往活动时存在着一种"信号"的活动方式，这可以看作是动物的语言。因此，自然环境中的动物的"语言"当然并不具备人类思维的特点和人类社会交往的属性。

思维发展受制于语言，这已经是一个无可争辩的事实。可以说，没有语言，人就没有理性；而没有理性，也就没有语言。没有语言，也就没有完整的思维了。因此，语言的形成与发展对人类思维来说就至关重要。可以说，人类是我们目前所知的"唯一使用语言的动物"，并且正是靠语言区别于其他所有动物。正是由于语言的缘故，正是由于意象思维的形成与发展，人类思维才逐渐形成，最终达到了能够表述自然、社会以及内心世界的一切领域，甚至最终能够审美地表现自然、社会和人生，这正是由于语言的伟大奠基的结果。

第四节 文学中的艺术思维类型

一、诗歌思维

诗歌艺术思维最突出的特点就是想象。当一个人感情异常丰富时，他就会浮想联翩，要充分表达情感就要展开想象。想象是诗人情感抒发的最得力的工具。雪莱说："诗可以解作'想象的表现'。"诗人在创作诗歌时，思维异常活跃，感情也极为强烈，想象使诗歌更富有鲜明、生动的色彩。因此，活跃的想象造就了诗歌多种多样的表现手法。像李白的《将进酒》中的"黄河之水天上来"《蜀道难》中的"蜀道之难难于上青天"，这些夸张手法的出现与想象是密不可分的。只有想象思维完全开启之后，诗人才有可能完全投入到诗歌情景中去，从而创造出富有想象、夸张色彩的诗句。实际上，比喻往往就是实质上的想象与夸张，像苏轼的"欲把西湖比西子，淡妆浓抹总相宜"，诗人就是运用比喻手法，传神地写出了西子湖的美丽。可以说，奇妙的想象造就了奇妙的比喻。

想象思维不仅创造了诗歌中多种多样的写作手法，而且为诗歌增添了无穷的想象力，使诗歌富有意境美。

想象还是诗人概括与综合的基础。如杜甫的"朱门酒肉臭，路有冻死骨"，就写出了人人所见之事，但却道出了他人所不能言的寓意。强烈的对比，正是非凡想象的结果，从而深刻地揭示了冷酷的社会现实，抒发了诗人对社会不公平的强烈不满。

因此，诗歌思维的主要核心是想象，它是诗歌思维的主要特点和出发点。

二、散文思维

散文的最大特点就是"形散而神聚"。因此，散文思维的出发点就是在表面的漫不经心中表现灵魂的聚焦。

抒情散文是一种通过描述某一事情的片段、某一人物的侧面、某一特定的自然景物来侧重抒发作者对生活的激情和感受的散文。因此，创作抒情散文时，作者往往托物言志，千方百计把自己的思想感情渗透到所描写的客观事物中去，使自己的本质力量对象化，把自然人化，或把自己自然化，使主观的"情"与客观的"物"融为一体，不可分离，难辨主客，从而创造出诗的意境。抒情散文就是凭借它优美的意境来感染人的。

作家在创作议论性散文时，其思维侧重点往往不在"情"，而在"理"。要将政论性与文艺性紧密结合，就要求作家在创作时其思维要有严密的推理、合乎逻辑的判断以及令人信服的论据。作家要通过作品摆出足以支撑论点的事实材料，经过判断、推理、论证，最后得出结论。这是议论性散文的一个重要的思维特点。

在叙事性散文中，报告文学所占的比重较大。因为这种文学形式能够迅速而及时报道社会生活中的重大事件和群众关心的事情。如约翰·里德的《震撼世界的十月》、夏衍的《包身工》等。报告文学所选取的材料一般都具有普遍的社会意义，并且通过作者的分析、议论，能够敏锐地提出并回答现实生活中的重大问题。并充分运用文学手段，对素材进行选择、取舍和艺术加工，在真人真事的前提下塑造形象和典型。在思维过程中，作家要明确热情歌颂新事物，可以叙议结合，可以声情并茂，把议论和抒情很好地结合起来。

综上所述，无论哪种类型的散文，都具有"形散神聚"的特点。

所以散文家在创作活动中，其思维重心就在于放纵思想自由驰骋的同时，还要主题集中，用中心思想这条红线串起生活的珍珠。

三、小说思维

所谓小说思维，就是以创造典型形象为基本任务，以人物为中心组织情节、细节，以叙述、描写为主要方法的艺术思维活动。一部小说成功的标志，就是应该有一个或者多个能够站立起来的人物形象。《三国演义》《水浒传》《西游记》《红楼梦》《安娜·卡列尼娜》《红与黑》等古今中外优秀小说，都有几个甚至几十个不朽的文学典型。

小说构思的中心，就是要使人物站立起来、行动起来。而能够站立起来、行动起来的人物一般必定是性格鲜明的、活灵活现的。孕育人物，最重要的是确定人物性格。人物性格应该从他活动的环境中多方面地去展开。人物性格既要有确定的一面，又应该有不确定的一面。这样，就能够做到人物性格既鲜明又丰富，更有利于围绕人物性格来组织情节。情节实质上就是人物性格的发展史，也是人物关系的发展史。人物关系就是典型环境，就是主要人物、次要人物相互间的关系。一切自然的、社会的生活场景的描写，都要服从创造人物的需要。情节的重点需要鲜明、生动的细节描写。人物性格往往是从典型的突出的细节中得到表现的。如中国古典名著《儒林外史》中描写严贡生临死的时候，为了油盏里点了两根灯芯，从而伸出两个指头久久不能咽气。这一细节就很典型，因为它突出地表现了人物的吝啬性格。

人物性格，既要从行动中去显现，又要从心理上去刻画。即使是着重描写人物心理的小说，也仍然要展现人物的行动、人物对现实的态度。因为人物心理归根结底是人的现实活动的反映。现代小说在表现方法上有很多发展，如意识流小说，它打破现实生活的顺序，而以人物的意识活动为轨迹顺序，尽管如此，也仍然要写出人物的现实活动。否则这种意识就会失去历史的内容，变得不可理解。一般地说，中、长篇小说人物性格有一个形成的过程，而短篇小说由于篇幅的限制，一般只能截取生活的横断面，而不可能纵向地描写生活。

第五节 语文教学艺术与学生艺术思维的培养

一、语文教学中的艺术

（一）艺术与教学艺术

艺术，是个含义复杂的词语，包括以下意义：第一，泛指人类活动的技艺，包括一切非天然的人工制品；第二，指各种艺术创作活动；第三，专指美术、音乐、舞蹈、戏剧、文学等专供观赏的艺术作品。艺术不是自然之物，也不是一般的人工制品。它是人类发展的一种本质因素——创造力的体现，无创造性的活动都不在艺术的范畴。除此以外，艺术还具有形象性。艺术的另一个明显特征是作用于人的情感，与情感无关的行为、作品，都不能称为艺术。无论是宽泛的实用艺术，还是纯粹的欣赏艺术，创造性、形象性与情感性是艺术的共性。

最早提出教学艺术这一概念的是捷克教育家夸美纽斯。他于1632年写成世界上第一部以教学论命名的巨著《大教学论》，这本书的出版标志着教育成为一门科学。在这本书的卷首语《致意读者》中，夸美纽斯明确阐述了写作宗旨："教学论是指教学的艺术。我们敢于应许一种'大教学论'，就是一种把一切事物教给一切人类的全部艺术，是一种教得彻底、不肤浅、不铺张，却能使人获得真实的知识、高尚的行谊和最深刻的虔信的艺术。"

此后，许多教育家都对教育是科学也是艺术做了阐述，认为教学活动是一种艺术，其理由有三点：教学活动是一种创造行为；教学活动是一种作用于人的精神和情感领域的活动；教学活动本身具有审美价值。做到了这三点，必定会取得理想的教学效果。教学艺术是一种高水准的教学境界，并非一切教学活动都具有艺术性。教学艺术是一种符合教学规律的，具有创造性、情感性与审美功能的教学活动方式。

（二）创造教学艺术的途径

因为教学艺术是富有情感的活动，是一个有序的完整结构，是师生创造精神的外化，所以要实现教学艺术化，必须注意情感、知识与方法这三个方面。

1. 教学是善待学生的艺术

所谓教学艺术，首先不是教材处理、教法选择方面的技术，而是教师善待各种各样学生的良好心态。教育的本质在于使人性得到充分的发展与完善，要实现这一目的，就要求教师一定要爱学生。教师对学生的爱意、善意在教学过程中，会自然流露出来。这种发自内心的情感，在教学中会化为和谐的氛围。

2. 教学艺术是科学地把握教学内容的过程

教学艺术的创造是为了使受教育者在一种艺术化的氛围中接受教育，使教学能够最大限度地发挥作用，使学生的性格得到最充分的发展。教学艺术的主体部分是传授知识的艺术。离开了教学内容，教学艺术就失去了存在的价值。准确地把握教学要点，透彻地理解教学内容，广泛地收集教学材料，熟练地驾驭教学过程，是进行教学艺术创造的基础。

3. 教学艺术是灵活而巧妙地运用教学方法的智慧

教学艺术就其本质而言和其他艺术形式一样，是以富有创造性的方法营造一种使人愉悦的氛围，在视听空间具有具体性、生动性、趣味性和启发性。教学的艺术能够使学生在教学的全过程中始终保持良好的心态和旺盛的学习热情，能取得良好的学习效果。教学艺术离不开对教学方法的创造性运用，一般的教学方法必须升华，才能化为教学艺术手法。

二、语文教学艺术的特征

语文教学艺术是教学艺术的一个门类，它是对学生进行言语教育与文学教育的艺术性活动，具有其自身固有的特征。

（一）不因循守旧，显示创造美

1. 创造性地把握语文教学内容

语文教学艺术强调创造性地把握教学内容是由学科的丰富的人文性决定的。语文教学内容共有三大块：语言、言语、文学。语文能力训练的任务总共五项：思、听、说、读、写能力的培养。语文教材的内容富有文学性，语文课外活动丰富多彩。将多种教学内容融会贯通，巧妙组合，是对语文教学内容的再创造。

2. 语文教学过程的创造性设计

语文教学过程有其常式，如果教师只用常式而不能根据学生、教材的具体情况设计出科学的、新颖的教学过程，教学就失去了艺术性。例如，很多语文教师讲课文只用一个程序：介绍作家、作品、背景材料，分段、总结段落大意，概括主题和写作特点。这个程序是较为完整、可行的教学模式，但是不能年年月月地用下去。阅读教学的程序必须有变化。语文教学过程的富有创造性的设计，是语文教学艺术创造的重要方面。

3. 语文教学方法的创造性应用

有很多使用频率很高的教学方法，都可以升华为艺术。艺术化的教学方法有两个主要特征：巧妙、灵活。因为，创造性地运用教学方法本身就是一种艺术活动。

（二）注重整体性，形成结构美

系统论美学认为：艺术、人类的审美活动，以及一个民族的文化的全部内容是一个整体，其中各种因素都处于一个完整的系统之中，因此分析事物应该遵循整体性、有机性、有序性、普遍性的原则，认识艺术现象和审美活动应该注意各个部分的相互作用及其之间的关系。在语文教学中，要求教师从教学设计到施教的过程，要从整体着眼，从整体与部分、整体与环境的相互关系中认识、把握教学的规律。由于语文教材本身的整体性、综合性很强，尤其是课文的内容与形式是个不可分割的有机的整体，所以语文教学艺术的完整性较其他课程更明显。

夸美纽斯在《大教学论》中指出：要把艺术与科学当作百科全书式的整体去教，如果不这样，知识对学生来说就会变成一堆木头，结果是弄得这些学生领会这件事实，那些学生领会了别的事实，谁也没有得到一种周全的教育。我们应该牢记先哲的教诲，善于把一节课的内容同单元的教学内容联系起来，把本单元的内容与更长时间段的内容联系起来，从而使语文学科内容的整体性凸现出来，使语文教学的各个环节不能脱节或矛盾而顾此失彼。教学论从它诞生时起就强调的教学整体性原则，在现代语文教育中应该得到进一步的发扬。

（三）重视简洁性，体现形式美

艺术家和科学家都认为简单是美的。高尔基说："没有什么比简单的自然更纯真更高雅的了。"教学艺术体现出的简单，其要素是教学思想的集中、明了和教学方法的简明、自然。教学过程中师生紧紧围绕一个中心，重点、要点突出，一切都进行得自然、妥当，水到渠成。在教学过程中，内容应该简明扼要，语言应当简洁凝练，板书应该简约明了，一切都做得干净、利落，给人以美感。简洁是教学艺术形式美的核心要素。

（四）讲求节奏性，构成旋律美

课堂教学如同演奏交响乐，有张有弛，有疏有密，从而形成音乐的节奏美。上课伊始，设计一段清新的导语，如同音乐篇章的序曲，将学生的注意力抓住，明确意向，打通思路。接着应该加重负荷，增大密度，趁着学生有兴致，可由读到讲，或由问到答，展开教学的中心内容。这样持续二十几分钟，教学任务会完成大半。然后继之以短时间的舒以品味，疏以润神。接着便应该进入概括、总结、练习、留作业阶段。

（五）展现形象性，突出文学美

语文教材中的文学作品具有鲜明的形象性，在钻研教材，设计教案及施教的过程中，教师应该进行再创造，使教材中的艺术形象更加丰满、生动地展现出来，而不能照本宣科地抽掉文学作品中的形象性，使之变成干瘪的教条。要在课堂上展现文学作品的形象性，首先，要注意教学语言的风格，尽量运用富有文学色彩的语言讲析文学作品，用说明性、议论性的语言解析作品是必要的，讲解须精辟、简练。教师要设法引导学生进入文学作品所创造的意境，让他们能够体会到文学作品所独有的魅力，而不应该只是自己陶醉于其中，学生不知所云。还有，作品的形象性和形象思维本身都伴随着丰富的情感。教师如果抽掉文学形象的情感，使之变成一种说教，就抽去了文学形象的灵魂。总之，语文教师从教学语言，从对理解作品形象、意境的引导和情感的传递等方面着手设计教学，才能展现语文教材的形象性，突出教材的文学美。

（六）把握抽象性，显示理性美

语文教学除了应强调形象和情感以外，还应该注意教学内容和思维训练所具有的理性美。语文教学中有很多内容是人的逻辑思维的产物，我们必须将它们还原为逻辑思维形式，如说明文、议论文、语法知识的学习。还有许多东西须凭借理性思维方式来解析，如对文章段落的讲解、作文训练等。因此，语文教学必须强调理性美。人类理性思维和抽象思维能力具有一种与形象思维迥异的审美价值。理性美的特点是它并非是以生动性和可感知的形式诉诸我们的感官，而在于当审美主体运用逻辑思维把握了这些内容以后，产生了类似大彻大悟般的美感。

（七）注意趣味性，创设氛围美

教学艺术应当注意趣味性，以形成情趣盎然的课堂氛围。趣味性作为教学艺术的一个显著特征，古今中外的教育家对此多有精辟的论述。古希腊哲学家柏拉图认为：强迫学习的东西是不会保存在心里的。17 世纪英国教育家洛克在《教育漫话》中写道："教育儿童的主要技巧是把儿童应做的事也变成一种游戏似的。"由此可见，在确认教学的知识性以后，应该考虑把趣味性放到重要地位。语文教学的趣味性应该体现在：让学生觉得有趣，激发他们的学习动机；让学生觉得有味，学了还想再学；让学生学有所得，堂堂课都有收获。

（八）追求独特性，创造风格美

风格是艺术作品或艺术创作中显示出来的艺术家的创作个性和艺术特色。教学风格是教学艺术创造活动中所显示出来的教师的个性心理特征与教学艺术特色的总和。马克思把风格看作是"精神个体性的形式"。教学风格是教师的德、学、才、情、识与教学技能融合为一体所产生的综合的艺术效应，具有明显的个性化的、独创的特征。并非一切教学活动都能形成"风格"，只有能够称为"艺术"的教学活动，才有风格。风格是作家成熟的标志，也是教学艺术成熟的标志。

三、语文课堂教学的艺术

教学是一种独具特色的艺术活动，语文课堂教学是语文教学艺术活动的中心。在教书匠和教学艺术家之间，最大的区别恐怕就是是否具有教学的创造性。我们应该认真研究语文课堂教学的艺术创造。

（一）导语设计艺术

导语是课堂教学的第一个环节，或能总摄全篇，或能统领一节课。它是课堂教学的门户，而不是可有可无的花边。导语设计的方法没有固定模式，下面提供一些实际操作的方法。

1. 由旧课导入

任何教学内容都不是孤立存在的，教师可以寻找新旧内容之间的联系点，从联系点出发设计导语。这样可以承前启后，既复习了旧知识，又引起学生对新课内容的预测和关注，同时也有利于他们领悟贯通知识的方法，真是一举三得。

2. 介绍时代背景

时代背景是学生理解文章的基础知识之一，教师应该尽可能使学生多了解背景知识。利用导语介绍时代背景是一种常用的方法。

3. 介绍作者

介绍作者可从不同角度着手，常用的方法有：介绍作者创作时的思想状况，介绍作者的写作动机，介绍作家的代表作。了解作者是理解作品的重要途径。关于名家名篇的知识，亦是语文教学的重要内容之一。阅读课的导语从介绍作者着手，既完成了讲析作品的第一个步骤，又传授了语文知识，所以这种方法便成为导语的常用形式。

（二）课堂提问艺术

提问在语文课堂具有多重作用，它是引起学习活动的常用的刺激信息。它能激发思考，培养思维习惯；能引导学生注意教材中的重点难点；能训练学生系统地回答问题，锻炼学生的表达能力；它是教师了解学生的重要手段，能促进师生之间的交流。教师在发问以前，对所提问题是否有必要，提问的时机是否合适，问题是否难易适中，这一问题与上个问题以及之后将要提出的问题是否有内在联系等，都要心中有数。

1. 问题的明确性

教师提问首先要做到问题明确。提问明确就是要划定一个明确的问域，这是运用提问方法、提问艺术的基础。

2. 巧妙的曲问

陶行知先生说过："发明千千万，起点是一问；智者问得巧，愚者问得笨。"曲问是一种经过教师设计的巧妙的问题。或采取迂回的方法，或采取化整为零的方法，要经常变换提问的角度，而不是想起什么就直接问什么。设计曲问应做到曲而不繁，力求曲而有效。同时曲问与直问应结合使用，不能一"曲"到底。

3. 提问的启发功能

至今还有人误以为启发式教学等于提问式，凡讲解就是注入式。一些教师由"满堂灌"变成"满堂问"，在语文课上展开了"提问比赛"。评价一节课，不问学生的实际收获，只要提问多，回答"积极"，就是好课。这些都是错误的、庸俗的教学观念。启发式既是科学的教学主张，也指一类（不是某一种）高质量的教学实践活动，其核心是对学生的思维发展具有启迪作用。运用提问的方法，首先应该注重提问的意义、质量和价值，应善于运用问题将学生导入思维的王国。教师能够提出富有启发性的问题，是一种高超的教学艺术。

4. 提问的坡度

苏联著名教育家赞可夫在《教育与发展》一书中提出了高难度的教学原则，强调要让学生"跳起来摘果子"，这很有道理。但是问题一下子提得太难，学生不能回答，就失去了提问的意义。教师应该讲究设置问题的坡度。《学记》中说："善问者，如攻坚木，先其易者，后其节目。"要求提问应先易后难。

5. 诱导式提问

诱导式提问并不要求学生回答具体的问题，而是引导他们产生浓厚的学习兴趣和强烈的学习愿望。例如，在讲《孔乙己》时，提了很多问题：根据鲁迅先生的学生孙伏园回忆，鲁迅先生在他所写的小说中最喜欢《孔乙己》。为什么呢？有人说希腊神话是命运的悲剧，莎士比亚的悲剧是性格的悲剧，易卜生的悲剧是社会问题的悲剧。那么，孔乙己悲惨的一生究竟是怎样的一种悲剧呢？

6. 追问的艺术

追问是一种帮助学生理解教学内容，推进教学程序的提问方法。追问由一连串的提问组成，有方向、有步骤地引导学生寻找答案。追问教学法的倡导者是古希腊的苏格拉底。他认为，教师的使命就是启发学生自己去发现存在于本性中的真理。苏格拉底称自己的追问法为"知识的产婆术"。追问应强调学生的主体学习地位，强调在学生产生学习需要时再进行追问。

运用提问教学方法，切忌问题过多过碎，截断了意流语脉，破坏了文章的完整性。空泛的提问无法引起思维活动，属于无用的信息。不合逻辑的提问会影响学生思维的发展，属于有害信息。只有树立正确的教育观念，深入钻研教学内容，才可能将提问的方法升华为提问的艺术。

（三）课堂调控艺术

控制论越来越多地运用于社会科学。从控制论看，课堂教学是一个调控系统。它包括两个分系统：教师的控制系统和学生的自控系统。教师的控制流程与学生的自控流程是不能割裂的，二者通过教学的反馈回路沟通、调整、深化，形成完善的课堂教学系统。把握课堂教学需要一种调控艺术，语文课堂教学调控可从以下方面掌握。

1. 氛围与节奏的调控

整学期的教学的"量"与"序"的安排，单元教学设计都属于宏观调控，这里不多解释。一篇课文、一个单元练习或一节课是微观过程的调控，微观过程的调控应该重视氛围与节奏。

教学节奏是另一项调控内容。学生紧张时，教师应该让学生有所缓解，在学生学习不起劲时，则应该施加压力，使他们紧张起来。学生就加快了阅读速度，寻找答案。课堂教学的节奏不会如教案设计一样，一成不变，教师应审时度势，随机调控。

2. 教学定向、定位调控

语文课堂教学要受教学目的定向控制，这样才能将教学纳入正确的轨道。定向控制的特点是设点、定线、选角度。例如，讲朱自清的散文《绿》，在大学讲，就要研究现代散文的成就，朱自清散文的艺术特色及这篇散文的文学地位。在高中讲，主要作为典范的言语作品而学习，并不过多涉及现代文学史。这样我们就将教学定在散文欣赏这个点上，以理解课文、品味课文的基本内容与艺术美为基准，然后选择切入的角度。

3. 教学定序调控

定序调控表现在教学程序的调控上，它要兼顾教材的纹路与教学思路。语文教学程序大多依据课文的思路，有时也要变通。灵活地控制教学程序，是一种创造。定序调控应该考虑学生的接受思路。例如，综合性强的课文可采用先分解后综合的程序，帮助学生理解作者的写作思路；故事性强的课文，学生会更多地注意情节，可以先讲指导理论，然后再分析课文。

4. 教学定量调控

教学定量调控指在一定的教学时间教师对一定的教学对象进行信息传递或智能训练活动的量次控制。量次不足，不能完成既定的教学任务；量次过于频繁，学生不胜负担，也会影响教学任务的完成。语文教学必须科学地研究定量控制。在一课时教学中，应该确定最佳篇幅量、生字量、词汇量、阅读理解量、写作量及其他各种作业的量。语文课堂教学的定量控制目前较为薄弱，有待改善。

5. 根据反馈信息调控

由受控者学生发出反馈信息，施控者教师根据信息及时调整教学行为是最常见的调控方式。对学生发出的信息，教师一定要敏锐接受，迅速判断，及时处理。如果对这些信息反应迟钝，那么就不能有效控制教学。通过反馈信息，教师能准确判断教与学之间的差距，准确寻找学生的疑点、难点、错误点，灵活调整教学速率，调整不平衡状态，从而使教学取得最佳效果。

艺术是人类创造力的产物。课堂是教师和学生生活的一个特殊的空间，教学空间的主要内容是知识的传授与能力的习得、智慧的碰撞与情感的交流。要提高课堂教学的质量，使师生对语文课堂教学充满向往而绝无厌倦之情，就必须不断注入创造性的内容。从这一方面说，语文课堂教学艺术创造是教学的需要与教学发展的必然。

三、语文教学中学生艺术思维的培养

新《课程标准》下，对培养学生的艺术思维和艺术能力提出了新的要求。在语文教学中，注重对学生艺术思维的培养，不仅有利于加深学生对文学作品内容的理解，帮助学生与作者形成情感上的共鸣，提高语文的学习效率，而且能够帮助学生形成正确的审美价值，培养高尚的艺术情趣。立足于语文教学，深入分析如何在语文教学中培养学生的艺术思维。

（一）培养学生的想象能力，实现语言的画面转化

想象力是人类社会进步和发展的重要推动要素。在语文教学中，教师应让学生根据自己的生活实际经验对课文内容展开想象，在头脑中形成生动形象的画面。如，在教学朱自清的《荷塘月色》时，教师应引导学生抓住课文中的关键词句，例如"舞女的裙""零星地点缀的白花""月光如流水""袅娜地开着""羞涩地打着朵儿""像笼着轻纱的梦""远处高楼渺茫的歌声"等描写景色的句子，让学生运用丰富的想象力，把这些景物有机地融合成一幅荷塘月色图，把作者所描绘的景象与作者的写作背景和生活经历联系起来，体会作者表达的情感。在教学杜甫的《茅屋为秋风所破歌》时，教师可以引导学生抓住从"床头屋漏无干处"到"长夜沾湿何由彻"四句诗，从眼前之景和心中所想之景两个角度展开想象，体会作者忧国忧民的思想。

（二）激发学生的情感活动，体会作品的思想感情

情感活动是艺术表达的第一要义和最终目的，情感表达不仅是文学艺术作品的核心所在，也是语文教学的主要内容。许多优秀的文学艺术作品都凝结着作者的思想感情。例如，《紫藤萝瀑布》描绘了美丽动人的紫藤萝，激发了学生对大自然的喜爱之情；《风筝》表达了作者对童真童趣的歌颂，激发了学生对孩童时代的回忆。文学作品中不仅有许多鲜明生动的人物形象，如爱国科学家邓稼先、勇敢机智的小英雄雨来、俗世奇人泥人张等。在语文课堂教学中通过分析这些人物的形象，能够深入激发学生的情感活动，使其与作者产生共鸣。

（三）加强学生的移情训练，培养学生的艺术思维

一般来说，移情指的是情感的生发主体，也就是人，从自身的主观感受出发，为本没有情感的客观事物赋予感情，使它有思想、有情感，是人将自身的感情转移到客观事物上的一种修辞手段。在文学作品中比较常见。运用移情的首次手段，可以将作者的主观情感与外界的客观事物有机地融合在一起，是一种含蓄、委婉的情绪表达方式，达到寓情于景、情景交融的境界，不仅可以丰富文学作品的写作内容，而且可以让读者有身

临其境的感受，能够加深读者对文学作品的印象，帮助读者更加深刻地理解作品内容和其中所表达的情感。例如，分析杜甫《月夜忆舍弟》中"露从今日白，月是故乡明"这一句诗，结合诗人颠沛流离的生活经历，作者把自己的思想情绪转移到露水和月色上，表达了作者对故乡的浓浓思念。

移情通常有三种主要的表现手法，分别是：比喻、拟人、夸张。比喻是指作者结合生活实际，用与甲物具有相似性的乙物来说明和描述甲物，例如朱自清《荷塘月色》中写道"叶子出水很高，像亭亭的舞女的裙"，就是抓住了荷叶和舞女裙摆形状的相似之处，生动形象地描绘了荷叶舒展的状态。分析《紫藤萝瀑布》中"紫色的大条幅上，泛着点点银光，就像迸溅的水花"，将紫藤萝比作大条幅，将阳光的辉映比作晶莹的水花。通过这种表现手法，生动形象地描绘了阳光下的紫藤萝的美好姿态，让学生能够体会到大自然的美好和神奇，促进生发出对自然的向往和热爱。拟人是指作者赋予本没有生命的物体以生命，仿佛它是具有生命、具有情感的。

因此，在语文教学中，教师应该注重学生对移情这一修辞手法的理解和感悟，帮助学生形成系统的艺术思维。例如，教师可以组织学生参加丰富多样的课外实践活动，让学生走出课堂，去体验生活中的万事万物，让学生结合自己的实际生活经验体会和感受蕴含在生活和自然中的艺术魅力，为学生语文学习营造轻松愉快的学习氛围。

总之，在语文教学中，渗透学生的艺术思维能力，不仅能增强学生的语文理解能力，提高学生的学习效率，而且可以丰富学生的精神世界，提升学生的审美能力。

第七章 中职生的文学素养的构成及其作用

第一节 中职生文学素养的构成

一、文学素养的内涵

21世纪初颁布的《全日制义务教育语文课程标准（2011年版）》指出："语文课程应致力于学生语文素养的形成和发展。语文素养是学生学好其他课程的基础，也是学生全面发展和终身发展的基础"。2017年颁布的《普通高中语文课程标准（实验）》也指出："高中课程应进一步提高学生的语文素养，使学生具有较强的语文应用能力和一定的审美能力、探究能力。"从以上我们可以看出，不管是《全日制义务教育语文课程标准》（2011年版）还是《普通高中语文课程标准》（实验），都十分重视学生的语文素养。那什么是语文素养呢？语文素养是指学生在语文方面表现出的比较稳定的、最基本的、适应时代发展要求的学识、能力、技艺和情感态度价值观，融合了语文课程的整体目标追求。

由此可见，语文素养的内涵还是很丰富的，它既包括语文课里所要掌握的基础知识，例如：识字、用词、造句以及写作等，也包括语文的能力和情感态度价值观；既包括语文的应用能力，还包括文学修养的成分。谈到"语文素养"这个概念时，语文素养应该包括这样几个部分：一是比较扎实的语文基础，这是构成语文素养的基础；二是较强的语言、思维能力；三是一定的文化素养（包括文学素养）。在论述人文素养时谈到，人文素养可以具体地表现在语言素养、文学素养、文化素养和美育素养等方面。在这些素养中，语言素养起着基础性作用，是培养和形成其他素养的载体；而文学素养和文化素养是语言素养日臻完善的重要条件，是完善人文素养的关键。文学素养是十分重要的，文学素养是一个健全的现代人的必备素养。要全面提高学生的语文素养，要德智体美全面发展，要有利于终身发展，文学素养是不可忽视的重要素养。

从以上可以看出，文学素养是语文素养的重要组成部分，一个人的语文水平如何，文学素养就是衡量其高低的一个重要指标，因此，如何在上好语文课的同时，又能提高学生的文学素养水平，就成了我们语文课程改革的首当其冲的问题，而对学生进行有效的文学培养也成了语文课程目标的重要内涵。那么，什么才是文学素养呢？"素养"一词从语素的构成上来讲，它可以分解为素质和修养。何为素质？《现代汉语词典》上写道："素质一是指事物本来的性质；二是心理学上指人的神经系统和感觉器官上的先天的特点。"从这两点解释上，我们知道素质具有本来的、先天的特点。但随着我国素质教育的提出，这里的素质概念发生了改变，它指的是教育学意义上的素质概念，它是指人在某种环境下经过一定的培养达到某种程度，通常又称为素养。主要包括人的道德素质、智力素质、身体素质、审美素质、劳动技能素质等。而"修养"一词，《现代汉语词典》解释为：一是指理论、知识、艺术、思想等方面的一定水平；二是指养成的正确的待人处事的态度。那也就是说，素质偏重于先天的禀赋，而修养是可以后天培养的。"素质教育"的素质一词的含义跟原先相比，也偏重于后天的培养。当"素质"与"修养"组合成"素养"时，其含义为由训练和实践而获得的技巧或能力及平日的修养。素养是后天养成的，而不是先天的；素养是可以培养的，人的素养是有高低的，比如说文学素养。从以上分析我们可以得出，素养是可以通过一定的训练和实践在某一方面可以达到一定的高度。

"文学素养"是"人文素养"的核心部分，这个核心部分的内涵十分丰富，是古今中外文学名著的沉积和一切与文学有关内容的综合体，其辐射作用非常广。对于它的内涵可概括为：

文学素养是由文学知识素养和文学能力素养两部分组成，其中文学知识素养包括广博的文学知识，它是文学素养的最基础部分。文学能力素养则是指如何去阅读、鉴赏文本，甚至可以达到创作文本的能力，它是提高文学素养的最关键的部分，同时也是我们在语文教育中需要特别关注的部分。

二、文学知识与文学能力的关系

（一）文学知识的定义

在论述文学素养的内涵的同时，也提到文学素养包括文学知识素养和文学能力素养，它是提高文学素养的基础。在这里，我们就具体谈谈什么是文学知识。

对于语文课程中文学知识的内涵，学术界有这样几种观点，一种认为，文学知识就是文学体裁知识和文学史知识，例如周庆元就认为文学知识包括诗歌、小说、散文、剧本等文学体裁的常识，课文（主要是基本课文）中涉及的重要作家和作品的有关知识，我国古代和现代文学史的常识等。文学知识也是有关文学体裁、文学流派、著名作家作品等方面的知识。

第二种观点就是文学知识还包括文学理论知识和文学鉴赏方面的知识。范新阳和程刚都认为学生有必要补充一点文学理论知识，因为这些知识对学生了解文学鉴赏的心理过程，提高鉴赏能力是有实际帮助的。文学知识除了文学史基础知识外，还应包括文学理论基础知识（包括小说、诗歌、戏剧等文体的特征），以及分析文学形象的一般方法，鉴赏文学作品的一般规律，等等。

第三种观点是把文学知识当成文艺学知识。文学知识是不同于一般的概念化的语文知识的，它是蕴含着社会价值和美学价值的一种文化。文学知识是对文学的认识、感受和记忆，首先是关于文学、美学的知识，在其背后肯定有丰富的思想文化内涵，文学需要有文化的浸润和创造，也背靠文化的精神，积淀着文化的心理意识。

从以上三种观点来看，第一种观点是在我国语文课程中相当长一段时间里占主导地位的观点，其中的文学知识是指有关文学的一些常识，文学常识就是一般人掌握的文学知识，不管你专长于哪个领域，一般的文学常识还是要了解的，因此文学常识的传授是中学语文课程中的重要内容，但是这里所说的文学常识是没有多少技术含量的，只需要学生死记硬背就可以了，对于提高学生的语文实践能力是没多大作用的。第二种观点是近些年来特别是新课改以来较重视的观点，这种观点让我们看到了以前的文学知识的不足之处，在教学过程中，教师一味地灌输书本知识，而没有教授提高学生语文实践能力的知识，所以在第二种观点里提出了有必要补充一点文学理论知识，所谓的必要就是这些文学理论知识对提高学生的文学鉴赏能力是有帮助的；另外，还要传授学生如何去鉴赏文章的方法，使这些知识不再是"死"的，而是需要学生通过自己的思考和创造才能得出结论的。第三种观点将文学知识看成是纯粹的文艺学知识，对于学生来说难度太大了，我们说了解一点文艺学知识对阅读鉴赏文学作品是有帮助的，但是如果将文艺学知识作为我们语文课程中的文学知识的重点内容，显然是不符合实际需要的。

所以从以上三种有关文学知识内涵的探讨中得出，文学知识是文学体裁知识和文学史知识，以及能够让学生在语文实践过程中获得的指导学生阅读和鉴赏文学的知识。

（二）文学知识对文学能力具有间接意义

文学知识成为培养学生文学素养的一个不可或缺的因素，那文学知识素养和文学能力素养之间有什么关系呢？我们说，文学知识在一定条件下能够间接地转化成文学能力。

心理学的研究表明，知识是不能直接转化为能力的，它需要知识内化为长时期记忆的贮存编码，以备提取，然后在新问题情境中反复使用，逐步形成相应的能力，所以知识只有通过训练才能转化为能力。在语文学习中，学习语文知识只是手段，形成一定的语文能力才是目的，语文知识只有不断地反复使用才能形成语文能力。在这个使用过程中，语文能力是由语文知识转化而来的，而语文能力的获得又能深化对语文知识的理解和把握，同时还会派生出新的语文知识。

但并不是所有的文学知识都可以转化为文学能力的。在文学知识中，那些只需要靠记忆就能掌握的知识，例如作家作品，文学常识，这一部分知识是无法转化为文学能力的。只有鉴赏、评价文学作品方面的知识通过语文实践活动才能转化为能力。

总之，要想提高自身的文学素养，学好文学知识是必不可少的，利用娴熟的文学知识去帮助我们阅读、鉴赏、评价文学作品则是我们的最终目标。

第二节 文学素养在学生发展中的多极作用

一、文学素养与中职生的职业道德素质

职业化素质的提高，是市场经济条件下各类人才的必修课，只有具备高度职业化素质的人才在未来的市场竞争中才会拥有更大的竞争力。那么什么是职业化素质？就是为了达到职业的要求所要具备的素质和追求成为优秀职业人的历程。它基本的要求是：敬业、责任、专业、创新、协作、规范。也就是良好的职业道德和专业技能对中职生而言两者都不可忽视。关于职业道德的作用，近代著名的教育家黄炎培认为：职业教育只有受教育者对自己所接受的职业教育有较好的理解，热爱和强烈的兴趣，才能够激发受教育者的事业心、创造力和积极性；只有受教育者具有健全发展的道德情操，才能够促进人民之间关系的协调。因此，职业教育中必须加强对受教育者的职业道德教育。他把职业道德教育的基本范畴概括为："敬业乐群。""敬业"是指对自己所学习的职业具有强烈的兴趣，喜爱自己的职业，"乐群"是在职业活动中表现出高尚优美、快乐向上的道德情操和优秀的共同协作精神。而且"敬业"与"乐群"是密切联系的，离开职业道德、职业情操培养的职业知识技能训练是没有意义的。职业教育的第一要义即为群众服务，所以职业道德是一个职业学校学生所必备的素质。它的内涵应该是：正确认识运用职业服务社会的重要意义；养成浓厚的职业兴趣和高度的职业责任心；形成勤奋劳动的习惯和良好的互助合作精神；养成理性服从美德的品质；具备科学的态度和稳健的改革

精神。也就是人格好、纯净高尚、博爱互助、勇敢侠义、刻苦耐劳、坚贞顽强、不畏困难。同时良好高尚的职业道德也是事业大成，企业大成的先决条件，它是衡量人才质量的重要标准之一。是训练有素的正规军，还是非职业化的散兵游勇，对企业对个人非常重要。所以提高包括职业道德在内的人才的素质越来越成为最迫切的时代命题。

中职的语文课，尤其是文学课密切关注人生观教育与人格教育。以潜移默化的方式影响着中职生的职业道德教育，蕴含着大量的道德教育因素。我们知道，语文课本中的文学作品，都以其独有的艺术魅力和高尚的道德情感被选入教材，成为学生宝贵的精神营养。它真正体现着个人与社会的和谐，是对中职生职业道德的陶冶与濡染。如果牢牢地把握文学读本的静态分析，把作品中所蕴含的人生精髓，人生最大量、最有意义、最有兴趣的部分（包括高尚的道德情操、强烈的爱国心，热烈的忧民情，发人深省的人生理念，卓然不群的人格高标）挖掘出来，就能引发学生感情上的共鸣，就能把学生的精神不断引向光明和崇高，就能通过文学维护人类脆弱的社会良知和道德心，就能通过文学不断地拓展感性人生的丰富性与多元性，捍卫着人类理性的尊严和纯洁。这也正符合教育家陈鹤琴所提出的理论即"教活书、活教书、教书活，读活书、活读书、读书活"的活教育理论。如果说，真正的教育存在于人与人心灵距离最短的时候，存在于无言的感动之中。那么，文学素养的培养就是这种教育的最好体现，文学素养的培养是利用艺术形象来启迪感动、激励学生，取得潜移默化的功效，学生在理解人物形象选择的同时，自觉完成了对道德规范本质的认知与理解，在与形象达到情感共鸣的同时，完成了对自身道德素质的提升。这种认知与理解因为植根于学生的内心并有强烈的情感参与其中，所以对学生的影响是巨大的乃至是一生的。同时我们知道在职业道德之中最核心的体现莫过于人与社会的关系，而文学作品最具有社会性，不仅语言是社会的，作家是社会的，作品负载着社会性的思想感情，而且教育者本身就是社会的，因而能使受教育者的社会性得到充分的培养。在充分个性化的社会和充分社会化的双向互渗中，文学教育就有助于培养出这样一种关系：在这种关系中每个人都感到他人自己的肯定，以及自己对他人的肯定，如："海内存知己，天涯若比邻"，表达的是个人与他人的和谐；"先天下之忧而忧，后天下之乐而乐"，体现的是个人与社会的和谐。在这样的作品陶冶下，受教育者就会像在文学创作中充分表现个性那样，自觉实现自己的社会化，从而成为个体与社会相统一的人，成为自觉遵守职场道德与行为准则的人。如在企业文化中，有的企业提出"竞合赢得市场，融合创造力量，诚信铸就品牌，服务编织未来"的口号，其中的合作、竞争、创造、诚信、服务就是对员工职业素质的要求，对于有了较高文学素养的中职生，就会很快适应这种企业精神，并会把它视为一种自觉追求和内在精神需要，从而上升为一种职业修养。这种修养就会帮助他树立正确的职业价值观，练就职业化精神，从而成为非常出色的职业人，也就是所说的精品人才。所以良好人文修养能提升自身敬业的境界，有助于创造不凡的成就。语文教材中有很多课文就是典范的修养读本，比如说诗歌就是这样的文学读本，它的语言文字的背后是人性的优美，人情的优美。中国自古就是一个诗的国度，一个诗歌最为发达的文明礼仪之邦。自庙堂到市井，到处是诗，到处是诗人，也到处是诗歌，热爱诗歌、阅读诗歌使千百代炎黄子孙一直沐浴在中华文明的温馨里，而职业教育因为文化课工具化的缘故，淡化了这种素养的培养，势必造成发展的异化。试想："黄沙百战穿金甲，不破楼兰终不还""朱门酒肉臭，路有冻死骨""安能摧眉折腰事权贵，使我不得开心颜""日出江花红胜火，春来江水绿如蓝"这些美妙的诗句，抛开文学韵律的美育功能不说，就是诗本身所散发的浓郁的正义感、报国情、英雄志都会对人产生巨大而深远的影响。另外，诗人本身都是思想真纯，做人、爱国的典范，如屈原的忠贞耿介，陶潜的冲虚高远，李白的徜徉自恣，杜甫的每饭不忘君国，等等，这种人格的濡染对于个性心理待建构，性格待完善，品性待修炼的十七八岁的中职生而言，都是他们精神成人的必备营养，是仅仅着眼实用应用文的语文教育所不能取代的。对于这一点，马克思关于人的全面发展学说有过论述，达尔文也在晚年发表过感慨，他说："我真不明白，为什么对艺术爱好的丧失会引起心灵的另一部分能力——能够产生更高一级的意识状态的那一部分能力的衰退。假如我能够从头再活一次，我一定给自己规定这样一个原则：一星期之内一定要抽出一定的时间去读诗和听音乐，只有这样，我现在业已退化的那一部分能力才能在持续不断的使用中保持下来。事实上失去了这种趣味和能力就意味着失去幸福，而且还能进一步损害理智，甚至可能会因为本性中情感成分的退化而危及道德。"所以中职生文学素养的培养，直接关系到中职生的道德素质，是不容忽视的。

二、文学素养与中职生的科学创新素质

（一）文学素养与中职生思维能力的培养

科技要创新，文化要出新，人才要出新，创新精神是素质教育的核心，创新离不开创新性格，离不开创新习惯，更离不开创新的理想与创新的需要，尤其离不开创新毅力与激情。可以说，一个冷漠无情的人，绝不可能成为新事物的创造者。人类探求的真理的活动，从来没有而且也不可能离开人类的情感的。那么创新激情从何而来？思维与创新有着怎样的关系？在《思维与创新素质》一书中有这样一段话：创新思维能力是创新智能系统中最为关键的要素，而形象思维是创新智能系统中最核心的要素。短缺形象思维能力是一种畸残型个性，从现代心理学来考察，人存在两条"思流"，一是形象思维活动，另一个是逻辑思维活动。它们都是人类文明之源，形象思维活动给人类科学、艺

术、体育及教育带来恩赐。我们知道文学作品在对人的形象思维能力培养和完善大脑、提高思维质量上有着得天独厚的优势。加强文学教育，强化文学素养的培养就可以大大改善中职专业教学中以理性思维为主，从而改变学生思维畸型发展的状况，能有力推进学生形象思维的发展，便于学生开发头脑。同时文学的欣赏与写作也是一种分析和综合，归纳和概括的过程，它能极大促进学生思维品质的培养。促进学生形象思维和抽象思维共同发展，使人的左右脑互相配合、协调，在语文教学中当首推文学教学。另外，在文学作品中，学生借助作家对生活的深刻体验，形象展示回归生活的原始状态，张开自己心灵的眼睛，去感受生活，那么形象的感知就有利于把抽象的概念具体化，使之在自己的知识库存中保有鲜活的生命力。只有将抽象的固定的概念和定义转化为视觉的、听觉的形象，我们的思维及知识才能长期处于活跃的状态，才能有效地进行创造活动。爱因斯坦在谈到自己的创造性思维过程时说："在我的思维机制中，书面的或口头的文学似乎不起任何作用。作为思想元素的心理的东西是一些记号和一定明晰程度的意象，它们可以由我随意地再生和组合。这种组合活动似乎是创造性思维的主要形式。"而这意象的生成就是形象思维的创造结果。另外，形象思维也有利于开拓学生的思路，使想象力更为丰富。我们写作要靠创造性的形象进行思维，就是在科学实验与推理过程中也离不开形象的参与。而且在文学作品多元解读的过程中，可以培养学生对语文不断探索的热情和不懈的勇气，逐渐养成学生不断思索、不断追求、不断探索的精神，可见有意识地培养学生文学素养有利于学生思维能力的培养。

（二）文学素养对科学精神的体认

语文学科是最富人文性精神的学科，但其从来就不否认科学的精神以及科学的力量，并且，文学作品中极力张扬的就是具有人文底蕴的科学精神。如《火刑》中布鲁诺对自己观念的执着，对科学、真理的不懈追求；《为了周总理的嘱托》则是张扬对科学实验的不懈努力、这种生命不止，探索、追求不息的韧性精神，在与旧的观念和常规的对抗中，迸发出了耀人眼目的生命光彩。文学作品也正是通过这些具体人物的言行举止，为学生沉浸于人物的内心的情思波动提供了条件，并因此点燃了他们寻求真理，执着信仰的火把。使中职生坚定了对本专业知识学习的必胜信念，增强了他们克服困难的勇气。

同时，科学精神还表现在探索真理的过程中，让受教育者基于一种信念，那就是对学习的，所探索的知识真理，都应该而且必须以知识的主人的姿态出现，灵活地运用，积极地进行再生产和勇于再创造，而不是为知识所奴役。这样，对科学的追求就不仅仅是知识的掌握、技能的训练，而是一种完整的生命意识的展现，所以文学教育的作用还表现在中职生对科学精神的体认上，而且这种作用会影响中职生他们一生所从事的专业领域。

三、文学素养与中职生的审美素质

马克思指出，人的全面自由和谐发展是语文审美教育的终极目的，也是一切教育的终极目的。生活于18世纪的德国思想家、作家席勒也曾针对人的单一化、残缺化和片面化提出了通过审美教育全面发展人的感性和理性的观点，他认为感性的人只有经过审美教育，变成审美的人，最终才能成为道德的人，即全面的人，丰富的人。《学会生存》一书中也明确阐述："我们个性中的一个根本而必要的部分是对美的兴趣，是领悟美并把美吸收到性格中去的能力。"语文学科提倡素质教育，就是要回归文学的本真，培养学生对文学的兴趣、素养，获得精神的感悟、陶冶，有利于奠定精神的根基。文学教育是整个人的素质教育的重要一环，通过它可获得一种美感和美的享受，以审美的方式来观察事件、处理事件的能力。对于职业教育中的学生而言，文学的审美教育不但要发挥以美启真，以美导善的作用，还要把它提高到培养、塑造人的高度，提高到内修职业气质，外树职业形象的高度来认识。宋代大诗人苏东坡有诗云："腹有诗书气自华。"知识给予人的滋养，能让人焕发出一种自信与智慧的气质，在举手投足，言谈服饰中处处透露出对美的感受和鉴赏力，体现出一种高雅的审美情趣。文学审美能力是人们发现、感受、鉴赏、评价乃至创造文学美的能力的总称。中职学生的文学素养培养正是利用文学作品中所拥有的文化特质，对学生的感知、情感、想象、直觉等审美的感性素质进行开发和提升，从而使他具有健全的人格，活泼的生命力和不竭的创造力。而美的感受力、想象力、鉴赏力与创造力的培养不是一朝一夕，需要长期的多方面的努力。所以利用文学作品为媒介点开启鉴美、赏美、求美的窗口，并以此导入对美的情趣是非常必要的。文学作品是感性与理性的统一，其语言的音乐美，汉字的意象美，汉语的人文美，作品的情感美，无不使受教育者产生感官上的愉快，情感上的陶冶，心灵上的净化。因为文学作品一方面向受教育者呈现出丰富多彩、五光十色、绚丽多姿的感性具体图画，通过对象感受世界的全面性、丰富性和多样性；另一方面，它通过受教育者形式化，符号化能力的培养，通过艺术形式把人的生命活力，情感体验和各种感性冲动纳入其中而使之得到理性的调节与升华，最终使人的感性成为融入了理性规范的新感性，使理性成为浸透了感性的新理性，逐步达到感性理性化和理性感性化，即感性与理性高度和谐的理想境界。此外文学作品还可以达到以美储善的德育功能，把人的审美结构和伦理结构联系起来，诱发审美情感，推动人的道德认识、道德理想、道德信念转化为道德行为。使中职生在审美的状态中对人生价值的领悟进入一种超凡脱俗的崇高境界。而且这种经验一旦在内心巩固下来，就会自觉地净化低级的生理日常的欲望，强化高级的社会性情感，道德的他律将日益转化为道德的自律，实现对道德情操的陶冶和塑造。正如苏霍姆林斯基说："美是一种心灵的体操——它使我们的精神正直，心地纯洁，情感和信念端正，经过长期美的陶冶，会在不知不觉中使人感到不良的、丑恶的东西是不可容忍的。"所以我们应牢牢把握一个宗旨，我们今天所传授的就是明天岗位所需要的知识，能力和心理素质。文学素养的培养恰恰弥补了在职业教育中只注重对学生抽象思维的训练而忽视学生在审美过程中的感知、情感、想象、直觉等感性素质的保护与发展的不足，避免造成相当多的学生感受能力低，情感平庸，想象贫乏的教育后果，这是我们应高度重视的。俄罗斯教育家乌申斯基说："在民族语言明亮而透彻的深处，不但反映着祖国的自然，而且反映着民族精神生活的全部历史。人民一代跟着一代过去，但是每一代生活的成果都保留在语言里，成为传给后一代的遗产。一代跟着一代，把各种深刻而热烈的运动的结果，历史事件的结果、信仰、见解，生活中的忧患和欢乐的痕迹，全部积累在祖国语言的宝库里。总之，一个民族把自己全部精神生活的痕迹都珍藏在民族的语言里。"

所以，在中职语文教学中，我们就非常有必要指导学生充分地把握艺术心血造就的文学艺术珍品，使学生学到让生命快乐舞蹈的本领，使民族的正义，爱美的血液热情地奔涌，使中职生的灵魂趋于完整和刚健，使精神之光永远闪烁。

第八章　培养中职生文学素养的途径

第一节　提高文学素养为目的语文教学策略

一、在过程与方法的维度上

（一）目标的确定

语文教学的本质是以人文教育为主体，人文教育与科学训练有机统一的文学审美活动，是受教育者感悟体验与科学认知的和谐发展。中职生文学素养的培养，一是把握文学作品的人文熏陶特点，培养学生审美意识，养成对语言艺术强烈的兴趣和爱好，进而扩展到对所有艺术形式的终生不渝的爱好，塑造爱美的灵魂。二要借助文学作品以激情、真情，培养和丰富学生的情感世界，使学生的情感细腻而丰沛，健康而真挚，成为性情中人。同时要挖掘文学作品的思想内涵，帮助学生思考人生和生命意义，通过文学了解人道主义和人性，思索道德、社会历史、文化问题，关心人与自然、人与历史、人与人的关系，使文学真正成为生命须臾不可或缺的精神食粮。文学素养的培养，就是突出对学生的情感、态度和价值观的培养，重在默化养成和实践躬行，使学生最终成为一个热爱生活，热爱人类、热爱真理以及诚实，正直的人。有人说，最好的教育是过去还没有过的教育。我们同样可以说，最深刻的认识是过去还没有达到的认识。透过 21 世纪的曙光，站在知识经济时代的高度，我们再回头来审视我们的语文学科，审视我们中职生文学素养培养。将来文学将越来越深入渗透到语文的所有领地。语文课具有文学的品格是必然的。审美要成为语文课的灵魂，语文的世界应该是人文的、情感的、审美的世界，语文课应该成为孩子们人文的、情感的世界的钥匙。我感到忧虑的是，我们现在的孩子们，不会正确地运用自己的笑和哭，为了生活和感受，我们需要美丽的笑和充满魅力的泪。当语文课能让孩子们自然而然地流下眼泪来的时候，那么语文课也就成功了。所以提高中职生文学素养的目标就是：培养中职生成为 21 世纪素质优良的中国人，通过语言文学——民族文化的地质层，运用人类的精神文明，用中华文化的乳汁哺育他们成长，提高他们对自然、对社会、对人生的认识。

如何提高文学素养？文学素养并不是"讲"出来的，不是"学"来的，而是学习主体"悟"后练出来的。它是一个长期的养成过程，它需要学习主体有着良好的学习文学的习惯。

（二）习惯的养成

中职语文教师帮助引导学生形成良好的学习习惯是十分必要的。俗语说：播种行为，收获习惯；播种习惯，收获性格；播种性格，收获命运。性格决定命运。形成性格要靠习惯，习惯又是由不断重复的行为而形成的，归根结底在于行为。这就是说有意识地优化学生的习惯，对学习是大有帮助的，对文学素养的提高是十分重要的。

1. 养成积累的习惯

中职生阅读量少，写作量少，但课后时间较多，这就为语文教师对其导学提供了有利条件。所以，我们把心思用在了他们课外时间的占用上，那就是抓住中职生刚入学时特殊的年龄阶段，他们大多十六七岁，正是文学教育的黄金时期；从学生的心理来看，这时他们思想活跃，无忧无虑，正是生动活泼的文学教育的最好时机。紧紧抓住这一点，先以文学作品点拨导情，使其成趣，然后吟哦传情，朗诵一些脍炙人口的名篇佳句，如毛泽东、李白、杜甫、屈原等学生熟悉、崇拜的名人的作品，然后鼓励他们课外再多读一些，多记一些，多解释一些，甚至以开展竞赛的形式，逐渐涵泳养"情"。这样以兴趣为敲门砖，以情趣为命根子，就把握住了中职生文学素养培养的脉搏。文学是浩瀚的，当异彩纷呈、丰富浪漫的诗句佳句，哲人睿语被学生一一抄录在摘抄本上的时候，就表明他们已养成了提高文学素养最关键的一步：积累的习惯。读文学作品，目的就是增多学生的文化积淀，提高他们的文学感受力，丰富他们的想象力。不读中外名著，学生的人文素养就无法提高，因为文化的匮乏必然导致道德的衰退。巴金说："我们有一个非常丰富的文学宝库，那就是多少代作家留下的杰作，它们教育我们，鼓励我们。"读书丰富了学生的语言仓库，在一年级中开展一课一诗，一周一报，抄万字名著等活动，让每个学生都备有诗歌、名著成语等摘抄本。还配合校团委举办了大量的赛诗会、辩论会、诗歌朗诵会、作文竞赛、办文学社、办刊物等活动，同时还让学生负责学校的画廊设计，广播站的宣传，让他们充分领略到文学的芳草地的无穷魅力，使他们在积累中垫厚了文学的基础，在积累中慢慢喜爱上了文学，这是提高文学素养的前奏。

2. 养成深思的习惯

阅读文学作品要伴以问题的思考。阅读不是单纯形式上的浏览，其实质是通过展开思维，调动原有生活经验和情感体验，对文章进行最充分的感知、领悟和鉴赏，并借助联想、想象内化积淀为属于自己的精神财富，有读有思，边读边思，才能是真正的阅读。这就要求教师设置最佳的问题情境，刺激学生将作品内容与社会生活连接，让作者的情感宣泄与自己的心灵体验碰撞，这样学生就会展开思维，凝神思索，进而披文入境，由事见情，就会慢慢感受到文章的文学气息和人文精神。

3. 养成畅想的习惯

想，这里指想象、联想。想象和联想在阅读中很重要。因为一切作品的语言无论它的形象性多么强，在书面上总是平面的、毫无生气的，只有进入读者眼中，通过读者心灵的感受和想象才能被激活，进而形成各种不同的艺术形象。这些艺术形象在读者头脑中的鲜明度，丰富性和持久性，直接影响着读者对作品的理解，对生活的感悟，对自身审美情趣的提升。因此，在平时阅读中，教师要有意识地激发学生的联想与想象，让学生尽情纵意地去勾画，涂抹各种艺术形象。

具体做法是给学生以方法上的引导：一是可对课文略写部分进行扩充想象；也可对文章中没有写明的内容进行创造性想象。如在讲李清照《醉花阴·重阳》中就"佳节又重阳，玉枕纱厨，半夜凉初透"一句去想象："九月的凉"字背后的深意。二是可随文章内容发展摸透作者情感去塑造形象；也可让学生根据自己的意愿创造新形象，如读完《林黛玉进贾府》，学生根据文章中的描述，可以创造想象出无数个林黛玉形象。三是可以在阅读中保持想象，让艺术形象像过电影一样始终呈现在学生心中、眼前；也可以在阅读后回忆想象，将艺术形象置于生活中，使其与现实对照，从而完成形象的再造。如读完《安塞腰鼓》一文后，假如有机会让学生看到现场的情景，或让学生看看有关录像资料，那学生对原文所塑造的形象就会留下难以磨灭的印象。

阅读中想象，想象中阅读，这是一种阅读技巧，也是一种读书方法，更是文学素养积淀的过程。学生开始可能不习惯，但只要教师注意引导强化，这种习惯就会慢慢形成，文学素养的培养也就迈出了最关键的一步。

好的习惯决定人的能力。叶圣陶说："一个人养成的习惯越多，那么这个人的能力越强。"任何一种能力都是养成好的习惯的结果。习惯不仅是性格之母，而且是能力之母，性格与能力是素质的主要内涵，习惯决定性格与能力，即习惯决定素质。在这个意义上说文学素养的提高是以良好的语文习惯为前提保证的。

（三）学法的最优化

如果说良好的习惯是培养能力，提高素质的前提和基础的话，那么高效地学习，讲求学法的最优化则是培养能力,提高文学素养的催化剂。长期以来,语文教学存在着"少、慢、差、费"的现象。叶圣陶说:"自学的本领是用之不竭的能,储能就要储这样的能。"未来学家预言:21世纪的文盲,不是目不识丁的人,而是不会学习的人。只有学会自学,才能真正学会学习。学生的语文学习要遵循大语文教育观,做到"德、智、体诸育的和谐与统一"。雅斯贝尔斯主张:"教育应关注的是人的潜力如何最大限度地调动起来并加以实现,人的内部灵性和可能性如何充分生成。"也就是说要获得真才实学,成为真正有本领、有成就、有贡献的人,要发挥教育、学习的最大效益,就需要进行素质学习。素质学习,是人人需要的总的根本学习方略。提高文学素养,要求中职生讲求"博学之,审问之,慎思之,明辨之,笃行之"。

1. 推行学习语文方式之大

也就是不仅仅指听讲,读书,记忆,还可以通过看电影,去旅行,搞调查等方式去学习,通过演讲,辩论等方式,纵论天下大事,抒发个人感情,讴歌真、善、美,抨击假、丑、恶。这样有所收获,学有所成,形成文章;可要求学生做每周一文。

2. 讲求学习渠道之大

渠道,指信息传播渠道。电视、广播、报纸、杂志、多媒体、网络等,开辟了无比丰富的信息渠道。学生可以"向一切人学,向一切事学,向一切物学""在学习中学,在工作中学,在生活中学""学会学习,学会修身,学会自治。"做到"事事学,时时学,处处学;做到工作学习化,生活学习化,人生学习化"。实际上,学习的外延与生活的外延是相同的,生活有多大,语文学习空间就有多大。而且要做到自主学习,乐趣学习,学以致用,高效率,最优化,在生活中学习,真正学会爱,学会理解,学会尊重,真正实现人的精神成长。例如,可以在班级搞手机短信和歌词大赛,借此检测和激励学生对生活的感悟和学习渠道灵活性,给他们提供思维、动手实践的空间,应该会收到意想不到的效果。

中职生文学素养的培养,我们注重了一个过程——以学生的日常训练为培养途径,开展丰富多彩的语文教学活动。抓住学生的课余、课外时间,教师要努力研究学生所处年龄段的心理特点,并好好利用没有升学压力,教师自主设计的可能性比较大这一优势。

(1)实施演讲训练,培养学生思维的敏捷性

具体做法是:先选著名演讲大师的演讲录像,让学生观摩,然后从演讲话题的选择,语言技巧,体态设计等方面加以指导。接着,让学生进入实战阶段,把演讲时间放在课前,限时5分钟,每天一次,每次一人。内容先由学生自定,待每个学生轮流一次,积累了一定演讲经验后,再由教师准备若干话题,让学生随机抽取。这一活动可以极大调动学生的积极性。学生通过精心选题,广泛阅读,演讲时往往妙语频出,尤其是随机抽题的演讲,可以锻炼学生思维的敏捷性,培养了学生口语交际能力,演讲的过程也是学生文

学素养的展示过程。

（2）实施辩论训练，培养学生辩证思维能力

辩证思维的任务就是把事物的矛盾运动，事物的总体，认识的对象作为一个多样性的统一在思维中再现出来。如果一个人把握了辩证思维的基本规律和范畴，他对世界的认识就会变得深刻和全面。在这个意义上实施辩论训练。具体做法是，在辩论前先播放国际大专辩论会实况录像，让学生观摩，然后从辩论的攻防技巧，语言艺术，体态神情等方面加以指导。进入实战阶段，提前一周出示辩论题，辩论时间安排是：一周两次小辩论，安排在课前，时间控制在 10 分钟，每次正反方各出一人，主席一人，评委一至二人随机推选，意在调动全员参与的积极性。两周一次大辩论，时间则在 45 分钟以内，形式比较正规。辩论由于有对手，较之演讲学生兴趣更浓。他们围绕辩题，多方涉猎，积累"弹药"，备足"粮草"。实战时，个个广征博引，舌灿莲花。这种形式的训练不仅在课堂上，还延伸到课外活动中，辩论选题涉及体制改革、环境保护、素质教育、知识经济、新老代沟、中职生恋爱等问题。辩题的选择抓住中职生从众心理极为强烈的特点，选择他们十分关心的热点。这样，在进行专业题辩论时，会刺激他们阅读兴趣，产生一石激起千层浪的效果。这一活动，使学生辩证思维的水平明显提高，组织语言的过程本身就是文学素养的提升过程。

（3）实施成语格言阐释训练，培养学生联想创新能力

成语是语言中经过长期使用、锤炼而形成的固定短语，就其来源而言，有的是历史故事的凝缩，有的是寓言故事的概括，有的是神话传说的提要，有的是古典诗文的节引。它里面富有重要的文化信息。格言是名人名家对世界认识的哲理性思考。它的背后往往闪烁着理性的光辉，催人奋进，引人思索，所以成语格言积累量的多寡，往往反映一个人文学素养的高低。通过成语格言的收集，学生一方面可以学习优美的词句，一方面可以受到智慧光芒的照射。另外，思维训练中有一种方法叫"想象振奋法"。这种方法中的联想"就是通过若干对象赋予一种巧妙关系，从而获得新的形象"。苏联心理学家哥洛万和斯塔林茨用实验证明，任何两个概念词语都可以经过四五个阶段,建立起联想关系。他们所用的概念均是从词典中随意抽取的，结果屡试不爽。能否将这种方法引入成语训练中，通过创造情境，将几个成语纳入一个特定的语境中，既加深对这一成语的理解领会，又借此使学生积淀起深厚的文化底蕴，同时培养起学生的创造性思维能力呢？可以尝试着用成语联想成文的方式来进行训练。具体做法是：先由教师选定常用成语 300 余条，按音序排列，打印张贴于教室，成语的选择以经常使用、容易误用为基本原则。每天派一名值日生按顺序抄录一条成语在黑板上，全班同学将其抄入摘抄本。一周下来后，将五个成语融入创设的特定情境中，写作一篇文章。由于"具有各种不同联系的事物在头脑中所形成的信息组织样式会以不同的方式形成暂时的联系，从而形成不同的联想规律"，

成语间连缀，在学生们笔下变化万千，行文间时时可见创造性思维的火花在闪现。这项训练，旨在夯实学生联想能力培养的平台，为文学素养的有效培养打下丰厚的素质基础。

二、在知识与能力维度上

（一）阅读与文学素养

文学是"人学""心学"。文学用艺术语言构筑了一个活泼泼的生命整体，内部有着血脉流通。读文学作品，不仅是为了弄懂语词的含义和文法的规律，最要紧的是通过阅读文学作品，使人获得对善与美的把握和领悟，培养起对人类几千年来代代相传的美好心灵，美好情操的特殊感受。加强文学素养的培养，就是要将作品中美的语言，形象化的语言对象化于学生的语感和美感，将作品中美的情感，美的意境对象化于学生的心灵，才能使学生沉潜到作品的深处，对文学的意境进行整体的感受和玩味，从而最终获得对作品深层的美学蕴含的把握。提高文学素养离不开阅读，可以说没有阅读，也就没有文学的积淀，也就没有文学的感受力，也就导致文学素养的缺乏。这里所说的阅读包括两个方面：一是课内阅读也就是在教师指导下的文学作品的深层解读，这种解读是学生审美心理、审美意识的建构过程，是学生通过涵泳，浸渍优秀的文学作品与作者"对话"，获得人性、人格、人情的深刻体验和感悟的再造过程，是一种见情，见性，见灵思，见神韵的活动；二是课外扩展性阅读，是指在教师宏观指导下，根据学生自身的兴趣、个性、性格、情绪的差异去广泛涉猎文学作品，拓展文化视界，增强艺术功力，通过数量的不断积淀而达到质量变化的过程。

1. 课内阅读

课内阅读既然是学生能动参与，解读主客体之间互为揭示，相互生成的过程，那么，这种阅读教学则不是那种程式化的阅读教学，就不应该满堂灌加满堂问，琐碎的分析将一篇篇优美的文章肢解揉碎，影响学生消化吸收功能正常发育。正确的做法应是：精选阅读材料，营造审美心境，指点美感要素，培养审美趣味。

营造审美心境。解读文学作品要充分尊重和着意营造学生的审美心境。教师要充分顾及作品情感与学生情感上的"距离"，营造一种与作品相同或相似的课堂氛围。如《药》应从揭示"精神胜利法"及对劳动人民精神的麻痹、灵魂的戕害入题；语调力求凝重、深沉，让学生在同情、可怜、愤慨的精神状态下转向作品的解读，教师要讲究"开讲艺术""铺垫艺术""高潮艺术""收场艺术"，以抓住作品中能激发学生感悟的情感性诱导物，哲理性诱导物、意象性诱导物，而且要考虑学生的个性、性格、情绪，缩短心理距离，这样才能引领学生步入绚丽多姿的艺术世界。一旦主体主观感觉的再造出现，就意味着审美心境的生成。这一步骤需要教师抓住中职生的审美经验的积累和心理发育特点，才能收到良好效果，使学生享受阅读。

指点美感要素。审美感受是由感知、想象、情感、理解等要素相互协同并以复杂的方式组合的领悟、体验系统。审美能力、审美趣味是通过学生对文学作品的愉悦把握和领受，复活与创造的审美心理过程产生效应的。文学作品的感知就是对艺术语言的感知，所以教师要指导学生调动所有的感官"目视""口诵""耳听""心惟"，形成学生的立体思维。使其从多方面感知作品，获得较多的审美感受。

文学阅读如果没有联想和想象的参与就不能唤起特定的情感态度，也不能产生富有个性的审美感受，教师要抓住"意义空白"和"不确定领域"，诱发学生进行审美创造和想象。

情感是审美解读的动力与中介，又是审美的体验效应。教师要充分利用文学作品中丰富的情感因素，感化学生的情感思维，使之思随时移，情因物转，使学生与审美客体间产生相契合的"共融"现象。自己分享着作品的生命，对象也分享着自己的生命。教师根据作品中情感变化，相应地产生情绪，语气声调的诸种变化，并做出时憎时爱、乍忧乍喜、或褒或贬的不同反映和评价，由此才能美善学生的性情，才能逐渐让中职生领略文学作品的原汁原味，使课堂上有浓厚的文学味。

另外，感知、想象、情感如若没有理解的参与渗透，那么解读也将沦为一般的情感活动，丧失它的深沉意蕴和美学真髓，所以在解读中进行深层次的探究与思考，用渗透在美感直觉中的"理解"（领悟，顿悟）去获得，从而达到"悟道"的最高境界，所以抓住读后悟，读后感这个环节的训练，往往能于平凡中见神奇，悟出哲理化的东西，这也就是说达到"工夫在诗外"的效果。

培养审美趣味。审美趣味决定审美的心理活动的方向，又是审美判断的尺度，每个人因为生理心理素质、文化视界、生活境遇和人生阅历的不同，从对象上所产生的审美趣味就会有质和量的级差，尤其是中职生这方面的素质更是参差不齐。所以要正确引导、纠正三种趣味偏误：一是领悟不到实质；二是分不清精华与糟粕；三是误把快感当美感。教师要充分利用作品中所表现出来的自然美、社会美、艺术美陶冶情感，形成健康审美趣味。

2. 课外扩展性阅读

在课内阅读基础上，抓住学生阅读的冲动及兴趣，鼓励学生进行课外扩展性阅读。这种阅读的爱好与习惯可能伴随他的一生，原则是尊重学生的阅读个性差异，逐渐生成一种审美品质，进而生成文学素养。一个人文学素养的高低与他所处的文化范围以及他个人是否善于吸收有密切的关系。

有的学生喜好题材涵盖广泛、文思汪洋恣肆的作品；有的学生喜好题材集中深刻、逻辑结构缜密的作品；有的学生喜欢浪漫色彩浓厚、想象力丰富、节奏明快的作品。课外阅读要充分尊重学生的个性兴趣。先是要读，其次是教师要有意识引读。扩展学生的阅读面，让他们读巴尔扎克悲喜交集的人生世相，读狄更斯的严肃与压抑，读普希金高贵的忧郁和浪漫，也读余秋雨哲人的思索，读董桥文化的幽邃——学生经过这种量的积淀就能凌空而生一种审美品质。要突破学校的围墙，让学生亲历历史，人文景观，去感触社会变迁的有力脉动，逐步走向广阔、博大、深邃的社会空间，赋予他们深厚的生活积淀和文化底蕴，唯有这样中职生的文学素养才能在审美解读中得到提升。

（二）写作与文学素养

作文，从心理学上分析，是学生头脑中语文潜能的自我社会实现历程，一个人一旦具有较高的文学素养，他的这种自我表现之欲和自我实现之"能"就会产生创作的冲动。文学的主要功用是表现，我们如果只看别人表现而自己不能表现，那就如哑巴听人说话，人家说得越畅快，自己越闷得心慌。人生最大的快感是创造，一件难做的事做成了，一种闷在心里的情感或思想表现出来了，就如同上帝创造了世界，母亲产出了婴儿，自己也充分感觉到自己的力量，越发受到鼓舞。没有尝到这种快慰的人就没有尝到文学的最大乐趣。所以写作要紧抓住阅读教学这个环节不放。在阅读中，学生充分感知了生活，与作者产生了情感上的共鸣，知识上的沟通，从而引发了表情达意的心理冲动，创造了写作发生的契机，教师要紧紧抓住阅读欣赏过程，进行作文指导和写作意识的渗透。具体而言，首先在文本解读活动中使学生与作者的心灵在对话情景中达到沟通与默契，搅动积淀在学生心底的生活积累，触动他们敏感多情的心弦，使他们产生写作上的冲动，让语言的洪流宣泄出来。写出展示鲜活的个体生命意识与生活情趣的作品来。其次，鼓励学生对作者及作品本身进行多元化的阐释与创造性的理解，在各种见解的交流与碰撞中呈现出文本的隐含意义，触发学生独特的思想感受，创造写作发生的心理契机与思想契机。

我们知道，宇宙间一切都可以纳到四大范畴里去，即情、理、事、态。文学的功用通常分为言情、说理、叙事、绘态四大类。那么，培养文学素养，不外乎广开生活之源，深掘精神隧道，让学生能够做到关注生活，有感而发，集腋成裘，涵养精神，厚积薄发，概括起来为：注重观察；化语词为表象；创设情境。

1.注重观察

观察是写作之源，人的观察力，敏锐的思维和创造力，都是生活磨炼所赋予的。生活给人的这种赐予是转瞬即逝的，如何捕捉住它们，需要教师引导学生对生活进行观察和积累，因为只有通过生活积累，才能够获得写作素材，才有可能从中发现思想的闪光点并产生一吐为快的写作欲。怎样实施"神似观察"？首先让学生头脑绷紧敏感神经这根弦，让他们留心生活经历中的独特体验、矛盾状态、重要事件、敏感人物，满怀着渴望与爱心，把自己的爱心和责任心投射到生活中去，在对现实生活的观察中洞察生活的真谛，领悟社会的本相，写出真情实感。例如：可以指导学生针对寝室卫生脏、乱、差问题发表议论，针对沙尘暴现象抒发感慨，对食堂粮食浪费现象进行评说，通过这些练就观察力，为学生心灵写作储备源头活水，同时增加对社会和人生的感性认识及生活体验，捕捉到直觉灵感，让学生身临其境地感受了解人世间的善恶美丑，喜怒哀乐和世界的复杂多变，然后进行民主、平等、公开的讨论，也培养了他们的正义感、责任感、同情心、宽容心。

2. 化语词为表象

目的是丰富学生头脑中的意象积累。学生只有头脑中有丰富的意象积累，才能被作品的语词迅速唤起，组合成相应的准确的鲜明的新意象。指导学生大量阅读背诵，有力促进语词表象向一般表象的转化，随着学生语言感受力的增强，他们语言的文学性和形象性也随之增强。在这个基础上实施仿写、扩写和古诗散绎就能快速提高写作水平，所以说这个化的过程，既是读的延伸也是写的前奏，也是"给米下锅"。我们把学生带进文学的神圣殿堂，让他们在世界文学艺术长廊中去领悟人类历史的浩瀚深远，社会生活的千姿百态，人生之路的坎坷艰难；让他们与伟大的灵魂交流，去谛听人类心灵行进的脚步声，去经历精神的探险，去游历艺术空间，去吞吐宇宙，去指点江山，去激扬文字，去躬身实践。所以很多奇妙美文本身就是阅读的联想文和再创造文。

3. 创设情境

这是指培养学生文学素养时，有意创设记叙、说明、议论、抒情、描写的表达情境，让他们在这特定的情境中，触景生情，浮想联翩，思接千载，思通万里，如鲠在喉不吐不快。

（1）创设想象情境

创设想象情境主要是充分利用教材，围绕教学目的，找到引起学生想象的"媒介点"和"窗口"，从而驱遣学生的想象，形成文学意象。创设想象情境的主要做法：第一是依据环境、情节、人物的特征引导学生再造想象，根据作品所描绘的环境可以对作品中的人物展开丰富的想象，从而对作品产生丰富的感性认识和理性把握。

（2）创设表达情境

教师创设写作情境，可以对学生的作文进行情感激发、思维启迪、写作指导和技能训练。这样一来可以向学生提供材料的来源，解决学生作文中"无米下锅"的问题；二是可以增强学生的动手写作的欲望。具体做法是：第一是立足于对学生的现实生活开掘来创设写作情境。第二是创设学生参与活动。为写作提供强大的生活经验背景和写作动力支持。具体做法是：大力改进课堂教学，变封闭为开放，变读书、答问单调的形式为课堂上丰富多彩的语文实践活动。

总之，说真话、写真事、抒真情，心灵自由，精神解放，又没有升学压力，中职生做到了"真情实感，随心所欲"，想写什么就写什么。而且想怎么写就怎么写——可以写真诚的崇高情怀，也可以写有趣的平凡生活，可以写现实的眼前景物，也可以写幻想的未来世界；可以与教师商榷，也可以与大师对话；可以评论经典，也可以改写名篇。只要写鲜活的世界，富有个性，富有思想的文章，他们就大可奇文共赏。通过以上方式，文学素养的提高促进了写作水平的提高，写作的多渠道训练也同样强化了文学素养。

三、情感态度与价值观的维度

一个人的价值观在很大程度上决定了一个人的人格层次，而人格的层次的高低，还决定了一个人各方面的素质。一个人只有给自己更高的定位之后，他才会有更高远的目标，并用这种远大的战略眼光来全方位地观察与引导生活和工作。语文学科的素质教育，就是通过文学的濡染和陶冶，潜移默化，帮助学生形成正确的价值观，积极的人生态度，爱国主义情感，高尚的道德情操，健康的审美情趣。这无论对每个学生的一生发展还是对中华民族的复兴，都是至关重要的。尤其是 21 世纪是知识经济和现代化建设时代，民族和人的现代化是最根本的问题，也是难度最大的问题。时代的发展要求民族自身的心理结构、文化精神、情感和价值观都要无条件接受改造。我们必须认识到：我们的文学教育应该让中职生懂得珍爱生命，学会生存，学会创造，敢于求索，勇于创新，以积极的心态去对待职业、对待人生，形成正确的价值观。

具体做法是：在教学中以文解文，以事解文，以理解文，以情解文，并以"读后笔记"的形式引导学生积贮情感，发表创见。

此外，挑选阅读材料，开列必读书目，主要选取思想性强，富有真情，语言优美，情节吸引人的文章；给学生介绍世界第一流的，能深刻地反映社会历史，揭示人的命运和精神的经典著作。这些著作具有永恒的思想光辉和欣赏价值，是中职生必备的精神营养品。

（一）散文教学上，主要以情感为切入点

方法是：背名言，析精段，学表达，充分利用作品中所表现出来的自然美、社会美、艺术美来陶冶情感，那"清荣峻茂，良多趣味"的三峡，那山岚烟霭、奇松怪石的雨中泰山，可以净化其心府，使其超尘脱俗；那拍案而起的闻一多，那不为五斗米折腰的朱自清，"先天下之忧而忧，后天下之乐而乐"的范仲淹足以使学生仰慕至极。

（二）小说教学中，抓住人物形象为切入点

从人的命运、精神和价值来进行爱的教育、人的志向与意志的教育。如海明威的《老人与海》，笛福的《鲁滨孙漂流记》，勃朗特的《简·爱》，杰克·伦敦的《热爱生命》，以及《三国演义》《红楼梦》《复活》《巴黎圣母院》等。把小说当成是学生的生命和体验过程，具体做法：导读、分析、评议。在相互交流、理解、默契及认同中，增长见识，丰富心灵，使学生拥有战胜一切沉沉黑暗和丑恶的勇气和力量。尤其是对原本比较自卑的中职生，这些名著带给他们人格上的影响将是一生的。

（三）诗歌教学上

诗歌是文学中的文学，艺术中的艺术，尤其是中国古典诗词，它是一座丰富的宝库，其深刻的思想内涵可谓博大精深，它沉淀了人类精神之光。可以说精神之光是人类个性之中穿越黑暗、绵延至今的最美丽、璀璨、神秘、诱人的一道弧光。如何让学生从中吸取思想的营养，内化生成学生的思想、情感，道德意识？做法是：诵读、品味、背诵。反复诵读中产生与作者的情感共鸣，如吟诵李白的"仰天大笑出门去，我辈岂是蓬蒿人"可产生对胸怀大略，意气风发之人的感叹，品读"烽火连三月，家书抵万金"可引起国破家亡，深受战乱之苦的切肤之痛；吟哦毛泽东的"乌蒙磅礴走泥丸"诗句，可以引发人的革命乐观主义豪情，总之，在赏读诗歌的过程中，就是期望能触动学生心灵深处的那根独特的琴弦，让学生神思飞跃，血液里多一些更富人性、人情的东西。

第二节 文学素养的培养与语文教师

文学素养的培养，它要实现的不仅仅是教育效率的提高，而是整个教育系统的审美改造和人生意义的根本达成。甚至关乎一个人的职业生涯。作为负有教育天职的语文教师就应该有海纳百川的博大胸怀和爱生如子的情感，就应该营造一种最平等，最民主，最和谐，最温情的师生关系，焕发出学生主动进取，自觉追求的激情；引发学生积极向上，自我解放的审美要求。鼓励他们建构求真求善求美的文化心理结构。同时，好的师生关系能使师与生素质共进濡染，人性相互陶冶、洗练，智慧全方位生成与发展，个性充分张扬，潜能充分发挥，所以建立民主平等的师生关系，就显得尤为必要。

一、建立平等对话的师生关系

中职教师要始终以平等的态度去关注正在发展成长的学生。既尊重他们的思维火花，情感和志趣，也尊重他们的个性，尊重相互间的差异。杜威说："即使在教室中我们也开始认识到：在仅是教科书和教师才有发言权的时候，那发展智慧和性格的学习便不会发生，不管学生的经验背景在某一时期是如何贫乏和微薄，只有当他有机会从其经验中做出一点贡献的时候，他才真正受到教育；最后，启发是从授受关系中，从经验和观念交流中得来的。"所以，构建对话式师生关系目的就是消除师生之间的心理障碍和距离，让学生真切感受到民主与平等的氛围，对话式的师生关系正是通过倾诉、理解的双向交流，引导鼓励学生在探索真理，认识自我，发现自我的过程中，从依赖走向独立，从狭隘走向广阔。文学素养的培养，是借助文本这一中介去实现心灵的交流与对话，完成精神的碰撞与融合。而这种对话是师生双方都作为真实完整的人，基于平等的人格相遇，为了共同的教学目标而对话，各自的情感与理性，直觉与感觉，思想与行动，经验和知识等都真实地展现在对方面前，都参与到"我"与"你"的对话中。双方在理解中获得精神的沟通和经验的共享。在对话中，师生进行开放性解读和阐释，各自敞开自己独特的经验世界、情感世界和精神世界，使各种不同的思想在解读交流中相遇，经过激烈冲突，互渗理解，彼此包容，积极接纳，把平面化的符号性文本还原成立体多维的精神架构；从语词逻辑的隙缝，释放出隐匿其中的幽秘的精神力量。在对话中，教师因发现学生作为独立个体而具有的言语个性化和精神创造性，而认识到教育的真正价值；学生因参与文本的开放性解读与意见的自我表达而发现自我存在与发展的生命意义，并重建他们的自信。所以，要想使中职生文学素养的培养能够有效进行，语文教师必须注意营造平等对话的师生关系。

二、教师文学特质的文学濡染及文化辐射功能

语文教师作为时代文化精神的"体现者""表达者"与"传播者"，他的价值观念、思维模式、情感模式、精神理念、思维特征及其表达方式无时无刻不在以一种"文化场"的载体濡染熏陶着教育对象。尤其是语文教师的文化精神系统就像一个多面体的魔方，以强大的文化潜能影响和支配着教学行为，也同样制约着教学风格的形成，教师的文化心理建构不自觉地影响着他的精神世界的"神韵"。在教学活动中，他会不自觉地将民族的、时代的文化意识烙印在教学目标、教学设计、教学过程、教学方法之中。

所以语文教师应该具有深厚的文化积淀，浓郁的文学的情感，具备语文教师应有的文学特质。

文学特质来自积淀，只有积淀，才能开启情感智慧，才能创造富有生气与活力的教

学环境。语文教师在拥有了更加丰富的精神资源之后，才有可能形成独立的意识，才有能可能把自己内在的美好本质激发出来，才能将美好的信念在生命中真正的融化与根植，才能形成高尚的人格魅力，才能散发出浓郁的文学气质，影响和感染学生，产生辐射，并影响学生的文学素养。

（一）人格辐射

教师的人格魅力就像磁场无声地吸引着教育对象，它的文化辐射功能表现在：当教师敞开一腔光风霁月的襟怀，开放一颗超尘脱俗、逃逸物障的心灵，传导一种拳拳热切的关情和磊落澄明的觉悟，学生就会在教学活动中情不自禁地向你走来，和你诚挚对话，倾心交谈，感应心灵情感的声息，与你一起走在生命高度亢奋的意识刀锋上，沉思顿醒，灵魂高飞远举，跨越世俗的束缚而遨游自由的精神之域，进而在心灵的碰撞和生命的律动中产生情感的沟通和人性的启迪。这个时候学生会把知识转化为人生哲理、安身立命的觉悟和意志。这种由教师高尚品性、丰富情感引发而和谐融注到学生的情操与个性中的自我唤醒，以及精神的内在深刻转变和自我形成就是文化辐射之陶冶功能，所以语文教师自身的学养，自身的文化积淀，对学生文学素养有着深刻的影响。

（二）情感辐射

文学素养的培养是一个潜移默化，耳濡目染的过程，它也是一个从量变到质变的施教者对教育对象的塑造过程，而且施教者的饱满的激情，智慧、生动的表达，娓娓动人，丝丝入理的叙述，绘形绘色，声情毕肖的描述都会浸润着学生的心田，拨动学生的心弦，触动学生的情思，开发学生的情怀。这是文学素养培养中最重要的一环，也就是让学生有一颗敏感易动的心。

教师的情感辐射首先体现在"入境动情上"。教师在情感的催化下潜入文本深处，品味出其中的意蕴和境界，将自己的思想感情和教材的思想性、艺术性融化在一起，以心与之相亲，用灵魂与之碰撞。这样，教师就具有了一种激情，然后再把这种激情融化在教学的全过程，使学生也为这种激情所感染，也体验到这种感情。这样，通过教师的这种方式，学生的情智得到开启，逐渐完成由浅层次向深层次，由低水平向高水平的转化，实现外在形态美向其中意蕴美的转化。我们用耳朵不只听到流水潺潺和树叶瑟瑟的声音，而且还听到爱和智慧的热情的音调。也就是说只有动了情的教师才能感染学生动情，也只有动了情的学生，才能自觉接受文学作品中的各种营养，最终形成自己的素质。

教师的情感辐射还表现在创设情境，出情传情上。设境传情，是教师借助情绪体验的移情作用，通过多种渠道，对学生施以综合的、整体的审美影响，使学生情怀激荡，心驰神往，在本来不感兴趣的东西中体验到盎然的兴味。如于漪老师就通过引起悬念，展现意境等方法，创设"先声夺人""曲径通幽""柳暗花明"等审美情境，使课堂的教学充满了诗情画意，体现出鲜明的抒情格调。同时教师还可采用示范诵读传情，使学生深感其情，达到心领神会的境界；可以通过再现意境传情，使学生如临其境，达到融情入境的效果，可以通过挖掘内涵传情，使学生豁然开朗，达到跃入顿悟的目的，还可以通过剖析形象传情，使学生展开想象，达到领悟情思，引起共鸣的程度。教师完全能够通过挖掘美、激发美、传播美的方式建立一种审美的富有情感的教学形式，让教师巨大的情感辐射，到学生的情绪心理结构，使学生在迸发情感、展开想象，丰富美感的基础去阅读去写作，去体验文学世界的优美和幸福。

语文教师的情感辐射也表现在教学语言传播上。教学语言作为传输知识信息的载体，不仅是联结教与学的纽带和桥梁，而且是教师传情播情，诱发美感的最主要的手段。教学语言不同于普通语言，它是在逻辑语言、科学语言的基础上加以提炼升华而形成的，是被浓烈的感情浸泡透了的、形象化的、韵律和谐而又优美动听的语言，因而它比普通的语言具有更强烈的感染力。它是一种既善于表象又善于表情的具有多种审美功能的艺术符号。教学中经常出现的循循善诱，娓娓动听、声情并茂，回味无穷等美学效应，主要是靠这种语言艺术来实现的。教师运用这种审美化、情感化了的语言去讲课，就能极大地唤起学生的感情，充分显示出教学语言"以情激情"的巨大美感作用。为使学生能在聆听中，潜意识里学会模仿，营造一种文学语言和氛围，教师特别要注意丢掉那种僵硬死板的文句，单调而无节奏的语言，冷冰冰，毫无感情色彩的词语，选择那些最能表达感情的音节语调和词句来渲染感情。所以语文教师教学语言的情感色彩是使教学过程平添魅力，优美动人的重要途径之一。高明的教师善于利用音调的表情特性，通过音调的跌宕变化和句法、节奏诸方面的有机配合达到渲染某种情感意味的目的。这样，抑扬顿挫，起伏相间的音调与学生的情感活动同构相应，合流共振，那么，这种教学语言的辐射力将是非常强烈的。

综上所述，语文教师必须以高尚伟大的人格，饱满丰富的生命热情，娴熟优美的教学语言等文化因素的互促互渗，把自己修炼塑造成浸泡在书香中的文化人形象，呈现在学生面前。语文教师要作为一本深邃的文学教材和一座巨大的文化富矿任学生品读，采掘，时时给学生以文学上的收获。使语文课堂时而如大江波澜，气势恢宏，时而如潺潺山泉，柔静恬美，千姿百态，美不胜收。教师的个体时时洋溢着浓郁的人文气质，成为一个真正具有人文精神的传道者，这才是具有文学"味道"的语文教师。

三、提高中职语文教师文学素养的有效途径

《中国教育改革与发展纲要》中明确指出："振兴民族的希望在教育，振兴教育的

希望在教师。"一切教育努力最终赖以成功的是教师的专业知识、教育理论、教育技能、个性品质、思想修养等方面的整体素质。提高学生的文学素养必须提高教师包括文学素养在内的综合素养。也就是说语文教师除教育专业知识、书写能力、分析、讲授教材的能力、组织课堂教学的能力、辅导学生学习的能力、表达能力等外，还要向学生充分展现自己的艺术修养、艺术技巧、艺术才情和艺术气质。

（一）中职语文教师知识储备上的再提高

语文教师要有相当深厚的文学功底，那就要求既要有语言学知识又要有文学知识，既要了解古代文学，又要了解当代文学；既要通晓文学史知识，文艺理论知识，又要经常进行文学的阅读和赏析。苏霍姆林斯基说："一个老师每年不读五六本书，几年之后，他就当不好教师了。"同时语文老师还应经常进行文学写作，始终保持一颗敏锐的心，用文学美吸引学生，打动学生，所以，语文教师这棵知识树要永远根深叶茂，要做专才中的通才，专家中的杂家，正如胡适所说："理想中的学者，既能博大，又能精深。精深的方面，是他的专门学问。博大的方面，是他的旁搜博览。博大要几乎无所不知，精深要几乎唯他独尊，无人所及。他用他的专门学问做中心，次及于直接相关的各种学问，次及于间接相关的各种学问，次及毫不相关的各种泛鉴。"所以这种分析最适合中职语文教师，一个优秀的语文教师必须是"金字塔型结构"的人，那就要求语文教师要每日充电，不断学习，除了阅读写作外，还应广泛涉猎，小到手机短信、电视小品、流行音乐，大到国际时事，天下纵横，巨人们的轶闻趣事，克隆超导，包括中职生的专业知识，为自己的文学功底掘一口深井，以应对知识经济社会知识更新的瞬息万变，一日千里。所以中职语文教师，要抱定终身学习的理念，成为一个学习高手、思维高手、创造高手，最终成为一个教育高手。

（二）中职语文教师人品风范的再提高

文学素养往往是一种发自内在的崇高与文明，表现在使人成为一个精神的巨人。这就要求语文教师要不断修身，在师德上不仅仅把教学当作一种谋生的手段，而是作为一个终生为之奋斗的目标，始终对语文教育怀着一种执着追求的精神，无悔的情感态度，对事业，严谨治学，厚积薄发；对学生充满爱心，气度优雅，和蔼可亲，善于春风化雨；有超凡脱俗之风格，阳春白雪之品位，追求崇高的教育境界。语文教师在课堂讲授，课后辅导，业余谈心应树立为了教育事业，心中充满感激，使自己的教育思想、教育行为朝着至善至美的境界发展。乌申斯基曾对教师的人品表率作用，做过这样生动、形象的比喻：教师个人的范例，对于青年人的心灵，是任何东西都不可替代的最有用的阳光。所以中职语文教师要高度关注自己的人品风范修炼，这是文学素养提高到一定境界的外在表现。

（三）教师风度仪表的再修炼

风度是指人的言谈举止及态度，是一个人的德才体貌或衣着服饰、言谈举止、文化素养、品格情趣和精神特点综合表现所形成的独特风貌，是人的全部生活姿态所提供给人们的综合印象。教师的风度仪表是其内在世界的显现，反映着他自身的知识素养、审美情趣、审美追求，体现着他对人和社会是否尊重，是否自爱、爱人、爱生活、爱事业。它本身就是一种强有力的审美教育因素。所以教师要注重修炼自己的气质与风度，具体是要做到：一是衣着服饰朴实、整洁、大方、庄重。衣着是文化的象征，也是一个语文教师文学素养的外在折射，它应该于朴实大方中见出高雅的情趣，于整体中显露深厚的涵养，给学生以美的启迪和熏陶；二是表情自然丰富，以自然丰富的神态表情，感染学生情绪，牵动学生思绪，扣响其心弦；三是语言表达情感真挚、谦逊文雅，形象生动，口齿清楚，字正腔圆，抑扬顿挫，自然流畅，融语调美、语势美为一体。

以上是语文教师遵循美的规律，实现自我完善的结果，也是文学素养提高到一定水平而外观于风度的结果。

总之，教师文学素养的提高，是一个综合的过程，是欣赏力与创造力、感受力、想象力相互渗透、交融的结果。只有性格才能塑造性格，只有能力才能培养能力，只有素养才能培育素养，语文教师要具有超越世俗的高远的追求，要表现出胸怀之大，目光之大；还要有属于自己的，富有创见的教育思想。因为只有个性才能造就个性，只有思想才能点燃思想，不迷信权威，表现为思想之大，还要有百科全书式的学识素养，一位真正的教育家，同时应该是一棵"文化大树"，知识巨人。只有站在人类文化的高峰，站在人类精神的高地才可能有恢宏的视野和创新的平台，才能表现为品格之大。

教育是心灵的艺术，文学教育，文学素养的培养，更是心灵对心灵的感受，心灵对心灵的理解，心灵对心灵的耕耘，心灵对心灵的改造。语文教师只有真正走进学生的心灵，教育才会有魅力，甚至会有魔力。

参考文献

[1]李海玲,朱佳杰,周松德.夯基础优教法 [M].长春:吉林人民出版社,2020.

[2]巴明玉.语文教育与文学素养研究 [M].长春:吉林出版集团股份有限公司,2020.

[3]付杰.初中语文教学的基本素养 [M].西安:陕西人民教育出版社,2020.

[4]郭红英,王茜,张琰.中职语文 [M].天津:天津科学技术出版社,2020.

[5]吴智勇.大学语文 [M].南京:南京大学出版社,2020.

[6]郝晓辑.语文教育与文学素养研究 [M].北京:中国纺织出版社,2019.

[7]陈跃红,宋亚云.语文教学与考试研究 [M].北京:语文出版社,2019.

[8]吕洋,徐殿东,张晓华.基于核心素养提升的语文智慧课堂 [M].西安:陕西师范大学出版总社,2019.

[9]司保峰.云破月来文本深读与语文核心素养 [M].上海:东方出版中心,2019.

[10]王双同.大学语文教育研究 [M].北京:中国商务出版社,2019.

[11]王西维.汉语言文学与大学生人文素质教育 [M].长春:吉林人民出版社,2019.

[12]张丹,朱涛,罗青.基于核心素养的文学鉴赏与语文教学 [M].哈尔滨:哈尔滨地图出版社,2018.

[13]方智范.语文教育与文学素养 [M].修订本.广州:广东高等教育出版社,2018.

[14]何更生,夏家顺,马长安.新编语文教学论 [M].芜湖:安徽师范大学出版社,2018.

[15]张林.高中语文学习任务群教学实践举隅 [M].上海:上海交通大学出版社,2018.

[16]王尚文,傅惠钧,陈青松.浙派语文教育论丛 [M].杭州:浙江大学出版社,2018.

[17]孙绍振,王立根.问道语文 [M].福州:福建教育出版社,2018.

[18]周凌玉.大学语文双色含微课 [M].北京:航空工业出版社,2018.

[19]谭旭东,周思.语文课与儿童读写能力提升 [M].福州:福建教育出版社,2018.

[20]黄朝霞,熊社昕.小学语文教师成长指导与实践案例 [M].武汉:武汉大学出版社,2018.

[21]何夏寿.名师儿童文学教学丛书民间文学大课堂 [M].南昌:二十一世纪出版社集团,2017.

[22]潘桂法.核心素养视域下中学语文教学实践与策略研究[M].杭州:浙江工商大学出版社,2017.

[23]罗代国.言意统一的语文教学实践[M].北京:中国言实出版社,2017.

[24]谭旭东.语文教育小论[M].北京:海豚出版社,2017.

[25]刘维臣."人本"语文解读[M].北京:光明日报出版社,2017.

[26]卢卫东.纯粹语文行思录[M].长春:东北师范大学出版社,2017.

[27]李斌辉.职前语文教师专业发展[M].广州:广东高等教育出版社,2017.

[28]傅惠钧.修辞学与语文教学[M].杭州:浙江大学出版社,2016.

[29]郑勇.中学语文教学论析[M].北京:中国书籍出版社,2016.

[30]耿红卫.新课程 语文教育问题与对策研究[M].北京:新华出版社,2016.